Inhaltsverzeichnis

DIE 12 KARATE KATA

von

Andreas Sparmann
4. Dan

unter freundlicher Mitwirkung von H. Nakoinz,
E. Mielatz und I. Odebrecht

mit 491 Fotos und 12 Diagrammen

11. Auflage 1990

VERLAG WEINMANN
BERLIN

CIP-Titelaufnahme der Deutschen Bibliothek

Sparmann, Andreas:
Die 12 [zwölf] Karate-kata / von Andreas Sparmann.
Unter freundl. Mitw. von H. Nakoinz ... — 11. Aufl.
— Berlin : Weinmann, 1990
ISBN 3-87892-027-X

Satz: Hagedorn · Repro: Faesser · Druck: Hildebrand

Einführung

Die Grundidee der Kata ist ein Schattenkampf gegen mehrere Angreifer. Dieser Kampf ist stark abstrahiert und zu einer festen „Form" erstarrt. Bestimmte Folgen von Abwehr- und Angrifftechniken sind in verschiedenen Richtungen (aus denen die Angreifer kommen) aneinander gereiht. Es werden karatemäßige Stellungen (tiefer Schwerpunkt) und karatemäßige Bewegungen (Gleiten) geübt, die in vielen Drehungen besonders zur Geltung kommen. An die Körperbeherrschung werden hohe Ansprüche gestellt. Das Ziel der Kata ist es, für den Kampf einen in Abwehr und Angriff geübten Karateka mit harmonischen und sicheren Bewegungen auszubilden.

Es ist interessant zu erwähnen, daß jede Kata mit einer Verteidigungstechnik beginnt. Das offenbart die moralische Seite des Karate. Dementsprechend wurden die Kata von Gichin Funakoshi, dem Vater des Shotokan-Karate, „Heian" (Frieden) genannt. Hironori Otsuka, Schüler von Funakoshi und Begründer des Wado-Ryu-Stils, behielt die ursprünglichen Namen chinesischer Herkunft (Pinan, Nai Hanchi), deren Bedeutung unklar ist, bei. Von Funakoshi wurden die ersten beiden Kata gemäß ihrem Schwierigkeitsgrades in der Reihenfolge vertauscht, wohingegen Otsuka die überlieferte Reihenfolge bestehen ließ. Nai Hanchi erhielt von Funakoshi aufgrund der typischen Stellung in dieser Kata den Namen „Tekki" (Reiten). Die Beherrschung der in diesem Buch gezeigten Kata sind die Voraussetzung für die Gürtelprüfungen bis zum 1. Kyu (Braungurt) und entsprechen der Prüfungsordnung des Deutschen Dan-Kollegiums Karate.

Die Kata-Vorübung **Taikyoku Shodan** entspricht dem Bewegungsablauf von Heian Shodan. In diesen Grundrichtungen werden nach Gedan Barai — Wendungen nur Oi Zuki ausgeführt; auf eine nähere Beschreibung konnte daher verzichtet werden.

Übungshinweise

Zuerst sollte man sich bemühen, den Ablauf einer Kata zu erlernen, wobei die exakte Ausführung der einzelnen Techniken noch im Hintergrund steht. Wenn Reihenfolge und Richtungen beherrscht werden, soll die präzise Bewegung der Einzeltechniken geübt werden: als letzte Stufe schließt sich das Trainieren von Kraft und Schnelligkeit bei der Kata an.

Man muß sich dabei immer vor Augen halten, daß Kata die **Abwehr** eines Gegners mit folgendem Gegenangriff bedeutet. Nur entsprechend dieser Vorstellung können die Techniken mit der entsprechenden Dynamik ausgefüllt werden. Die schnelle Ausführung der einzelnen Techniken ist wichtig, dazwischen kann jeweils eine kleine Pause liegen. Sinngemäß gehören Abwehr und Gegenangriff immer zusammen, wodurch ein gewisser Rhythmus entsteht. Kata ist kein Wettrennen, vielmehr bestimmt die Explosivität der Techniken die Wirkung der Kata.

Voraussetzung zum Erlenen der Kata ist die Kenntnis der Grundtechniken (Kihon). Durch die vielfachen Überlieferungen der Kata ist es möglich, daß verschiedene Variationen von hier gezeigten Techniken gelehrt werden. Diese Variationen beeinflussen Wirkung und Bewertung einer Kata nicht.

Alle Zeichnungen und Fotos sind einheitlich von vorn gezeigt, d. h. der Betrachter oder Lernende steht dem Ausführenden in der Anfangsposition gegenüber. Die Kata läuft also wie bei einer Vorführung vor den Augen des Schülers ab. Deshalb ist besonders in der ersten Hälfte jeder Kata auf rechts und links zu achten, da der Ausführende im Buch ja umgedreht wie der Betrachter steht.

Die Richtungsdiagramme sollen dem Übenden einen Überblick über die ganze Kata und bei jeder einzelnen Technik die Möglichkeit zur Orientierung geben. Wenn bei allen Drehungen die Richtungen genau beachtet werden, erreicht man mit der letzten Bewegung wieder die Ausgangsposition. Die Grad-Angaben in der Beschreibung geben die Richtung der neuen Bewegung an, nicht unbedingt den exakten Winkel der jeweiligen Fuß- oder Körperdrehung. Die Nummern im Richtungsdiagramm stimmen mit den Bild- und Textnummern überein.

Die Fotos sind in Reihenfolge und Richtung der Kata angeordnet, um die Kata möglichst wirklichkeitsnah zu reproduzieren. Daher ist die Nummerierung genau zu beachten. Übergänge zur nächsten Zeile oder Seite sind durch senkrechte gestrichelte Linien die mit einer Pfeilspitze versehen sind gekennzeichnet, und bedeuten zugleich, daß sich das markierte Bein im nächsten Bild noch an derselben Stelle befindet. Unter oder neben den Bildern befinden sich die Fußabdrücke der jeweiligen Stellung. Die Veränderung der vorhergehenden Stellung zur Nächsten ist mit Pfeilen gekennzeichnet. Die Angabe einer Beinstellung im Text mit dem Zusatz „links" oder „rechts" bedeutet, daß sich das entsprechende Bein vorn in der Angriffsrichtung befindet.

Die Zahlen in den Diagrammen markieren im Allgemeinen den vorderen Fuß der jeweiligen Stellung.

Abschließend ist zu bemerken, daß ein optimaler Übungserfolg nur durch laufende sorgfältige Selbstkontrolle erreicht werden kann. Die eigene Stellung muß immer wieder selbstkritisch bis ins kleinste Detail mit den Fotos, den Zeichnungen und dem Text verglichen werden.

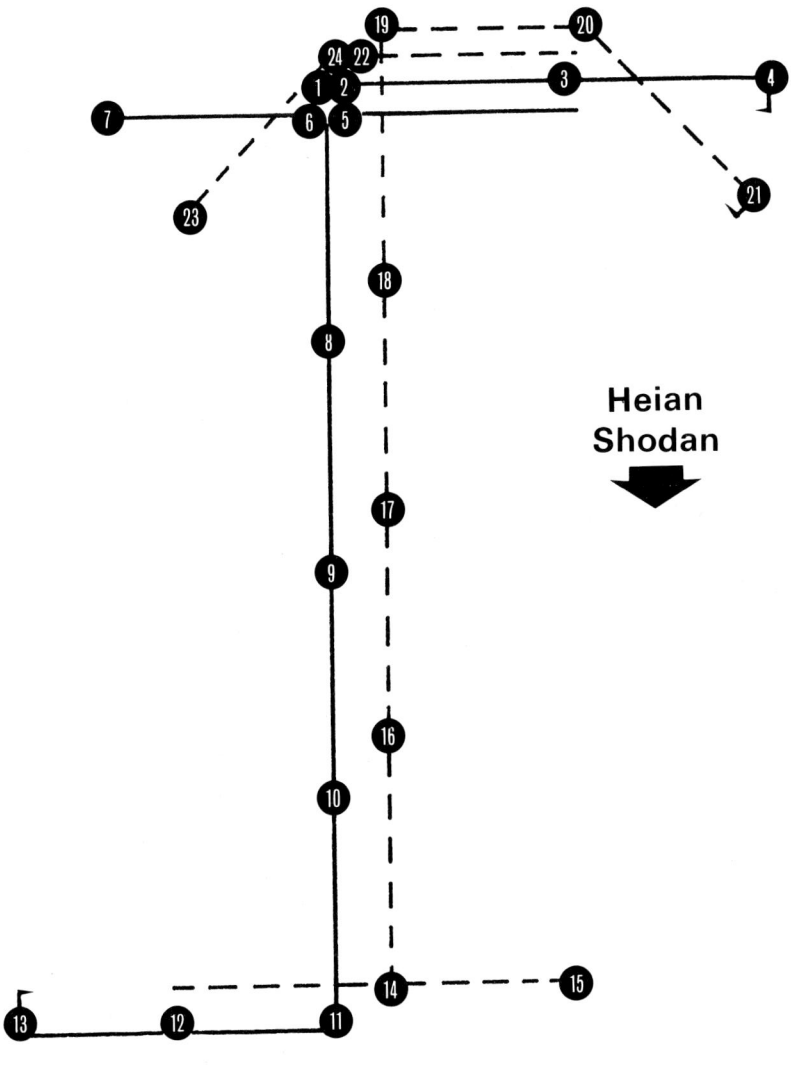

Heian
Shodan

11

Heian Shodan

1. **Musubi Dachi.**
2. **Hachiji Dachi.**
3. Linken Fuß 90° nach links in **Zenkutsu Dachi** links setzen: **Gedan Barai** links.
4. Rechten Fuß einen Schritt vorwärts in **Zenkutsu Dachi** rechts setzen: **Oi Zuki** rechts.
5. Auf dem linken Fuß nach rechts um 180° drehen und den rechten Fuß in **Zenkutsu Dachi** rechts setzen: **Gedan Barai** rechts.
6. Der rechte Fuß wird kurz zurückgezogen und wieder in **Zenkutsu Dachi** rechts vorgesetzt, gleichzeitig wird der rechte Arm im großen Bogen hochgeschwungen und abwärts bis in Brusthöhe geschlagen: **Tettsui.**
7. Den linken Fuß einen Schritt vorwärts in **Zenkutsu Dachi** links setzen: **Oi Zuki** links.

13

8. Auf dem rechten Bein um 90° nach links drehen und linken Fuß in **Zenkutsu Dachi** links setzen: **Gedan Barai** links.

9. Der linke Arm (Hand offen) wird zum Schwungholen hochgehoben, der rechte Fuß einen Schritt vorwärts in **Zenkutsu Dachi** rechts gesetzt: **Age Uke** rechts.

10. Den linken Fuß einen Schritt vorwärts in **Zenkutsu Dachi** links setzen: **Age Uke** links.

11. Den rechten Fuß einen Schritt vorwärts in **Zenkutsu Dachi** rechts setzen: **Age Uke** rechts mit **Kiai**.

12. Auf dem rechten Fuß um 270° nach links drehen und den linken Fuß in **Zenkutsu Dachi** links setzen: **Gedan Barai** links.

13. Den rechten Fuß einen Schritt vorwärts in **Zenkutsu Dachi** rechts setzen: **Oi Zuki** rechts.

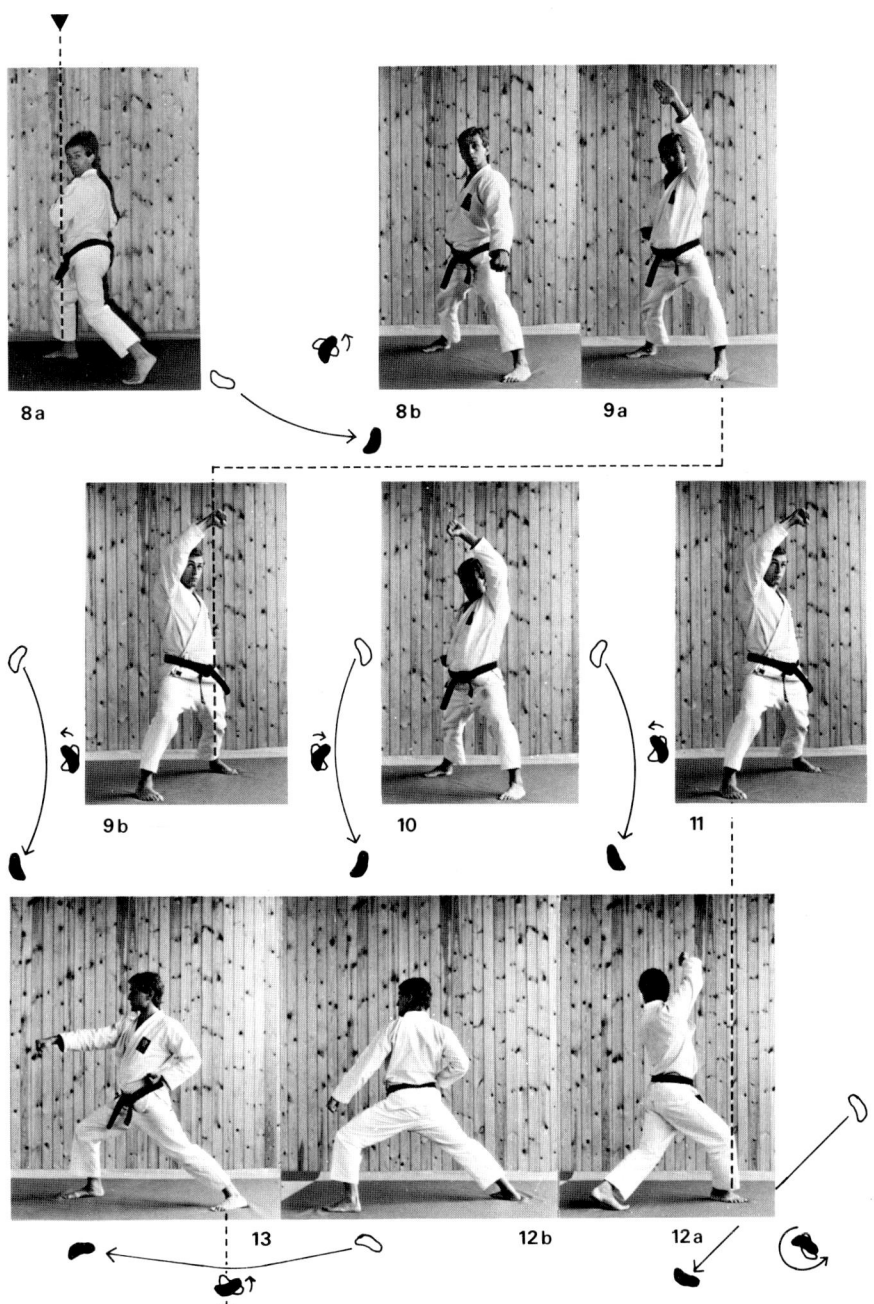

8a 8b 9a

9b 10 11

13 12b 12a

15

14. Auf dem linken Bein um 180° nach rechts drehen und rechten Fuß in **Zenkutsu Dachi** rechts setzen: **Gedan Barai** rechts.
15. Linken Fuß einen Schritt vorwärts in **Zenkutsu Dachi** links setzen: **Oi Zuki** links.
16. Auf dem rechten Bein um 90° nach links drehen und linken Fuß in **Zenkutsu Dachi** links setzen: **Gedan Barai** links.
17. Den rechten Fuß einen Schritt vorwärts in **Zenkutsu Dachi** rechts setzen: **Oi Zuki** rechts.
18. Den linken Fuß einen Schritt vorwärts in **Zenkutsu Dachi** links setzen: **Oi Zuki** links.
19. Den rechten Fuß einen Schritt vorwärts in **Zenkutsu Dachi** rechts setzen: **Oi Zuki** rechts mit **Kiai**.

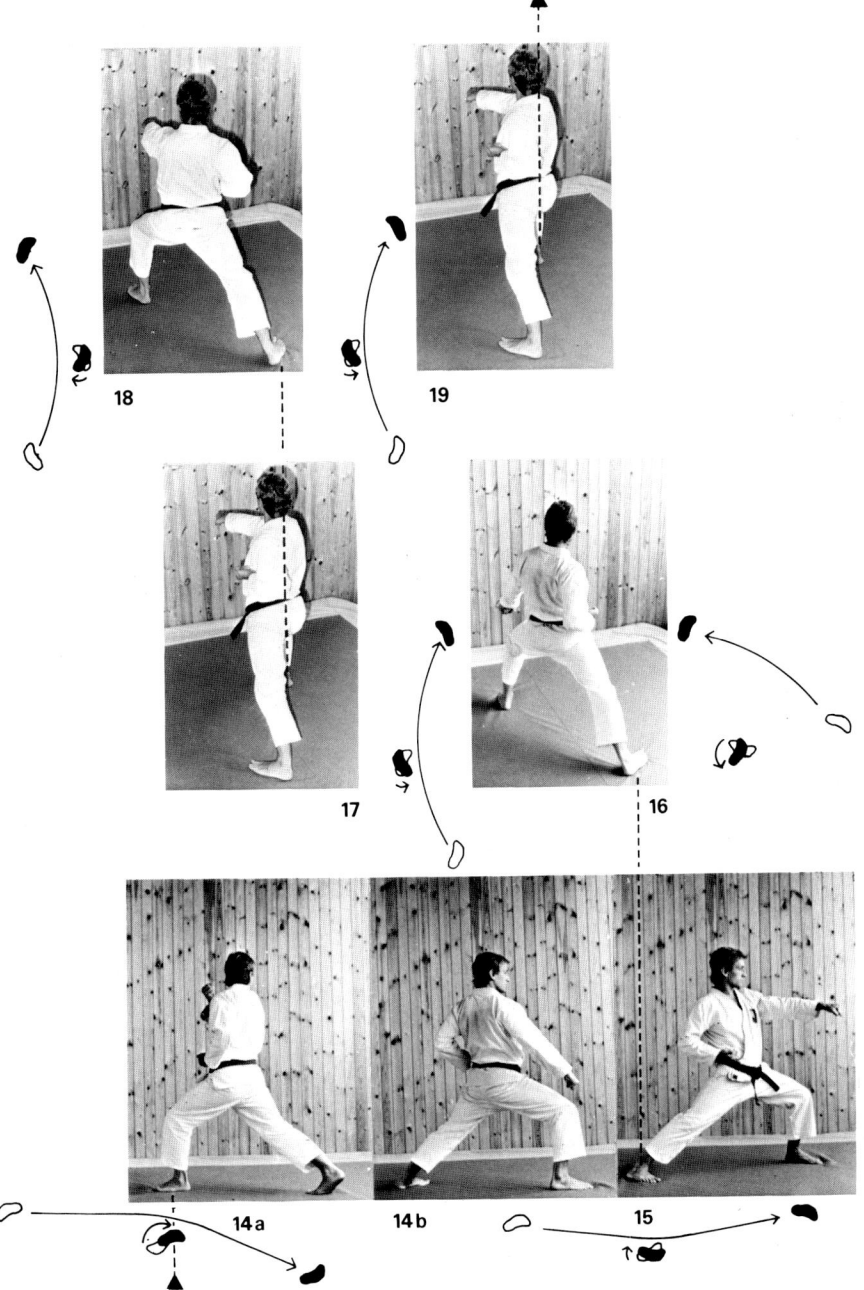

18

19

17

16

14a

14b

15

17

20. Auf dem rechten Fuß um 270° nach links drehen und linken Fuß in **Kokutsu Dachi** links setzen: **Shuto Uke** links.

21. Den rechten Fuß einen Schritt vorwärts 45° nach rechts in **Kokutsu Dachi** rechts vorsetzen: **Shuto Uke** rechts.

22. Auf dem linken Fuß um 135° nach rechts drehen und rechten Fuß in **Kokutsu Dachi** rechts setzen: **Shuto Uke** rechts.

23. Den linken Fuß einen Schritt vorwärts 45° nach links in **Kokutsu Dachi** links setzen: **Shuto Uke** links.

24. Den linken Fuß in Ausgangsposition **Hachiji Dachi** zurücksetzen.

25. **Musubi Dachi.**

20a 20b 21

23 22b 22a

24

19

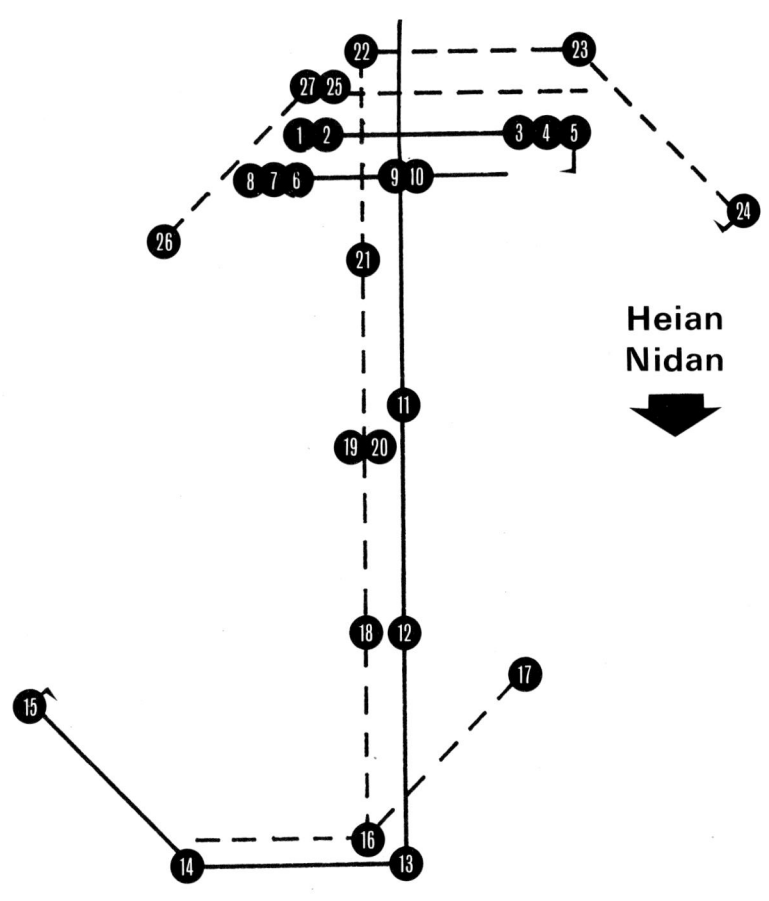

**Heian
Nidan**

Heian Nidan

1. **Musubi Dachi.**
2. **Hachiji Dachi.**
3. Den linken Fuß 90° nach links in **Kokutsu Dachi** links setzen; gleichzeitig Abwehr links in Kopfhöhe wie bei **Uchi Uke** (Handrücken zeigt nach außen) und rechten Unterarm waagerecht vor die Stirn legen (Handrücken zeigt zur Stirn).
4. Stellung unverändert, linken Arm wie bei **Soto Uke** in Kopfhöhe, aber bis zur rechten Schulter führen: **Nagashi Uke,** gleichzeitig den rechten Arm in Brusthöhe als **Tettsui** nach außen schlagen.
5. Stellung unverändert: **Chudan Zuki** links.
6. Auf der Stelle um 180° nach rechts in **Kokutsu Dachi** rechts drehen, gleichzeitig Abwehr rechts wie bei **Uchi Uke** in Kopfhöhe (Handrücken zeigt nach außen); den linken Unterarm waagerecht vor die Stirn legen (Handrücken zeigt zur Stirn).
7. Stellung unverändert: **Nagashi Uke** rechts und gleichzeitig **Tettsui** links in Brusthöhe nach außen.
8. Stellung unverändert, **Chudan Zuki** rechts.
9. Den linken Fuß etwas an den rechten heran setzen, rechte Faust zum Schwungholen auf die linke legen, anschließend um 90° nach rechts rückwärts drehen und **Yoko Geri** mit dem rechten Bein treten und gleichzeitig **Uraken Jodan** rechts ausführen.
10. Den rechten Fuß nach hinten absetzen und nach Kopfdrehung von 180° links herum in **Kokutsu Dachi** links stehen, gleichzeitig **Shuto Uke** links ausführen.

2

3

4

5

8

7

6

9a

9b

10

23

11. Den rechten Fuß einen Schritt vorwärts in **Kokutsu Dachi** rechts setzen: **Shuto Uke** rechts.

12. Den linken Fuß einen Schritt vorwärts in **Kokutsu Dachi** links setzen: **Shuto Uke** links.

13. Den rechten Fuß einen Schritt vorwärts in **Zenkutsu Dachi** rechts setzen: **Nukite** rechts mit **Kiai** (Der linke Handrücken befindet sich unter dem rechten Oberarm).

14. Auf dem rechten Bein um 270° nach links drehen und linken Fuß in **Kokutsu Dachi** links setzen: **Shuto Uke** links.

15. Den rechten Fuß einen Schritt vorwärts 45° nach rechts in **Kokutsu Dachi** rechts setzen: **Shuto Uke** rechts.

16. Auf dem linken Bein um 135° nach rechts drehen und den rechten Fuß in **Kokutsu Dachi** rechts setzen: **Shuto Uke** rechts.

17. Den linken Fuß einen Schritt vorwärts 45° nach links in **Kokutsu Dachi** links setzen: **Shuto Uke** links.

11

12

13

15

14 b

14 a

16 a

16 b

17

25

18. Auf dem rechten Fuß um 45° nach links drehen und den linken Fuß in **Zenkutsu Dachi** links setzen: **Uchi Uke** rechts.

19. **Mae Geri** rechts und den Fuß in **Zenkutsu Dachi** rechts absetzen: **Gyaku Zuki** links.

20. Stellung unverändert: **Uchi Uke** links.

21. **Mae Geri** links und den Fuß in **Zenkutsu Dachi** links absetzen: **Gyaku Zuki** rechts.

22. Den rechten Fuß einen Schritt vorwärts in **Zenkutsu Dachi** rechts setzen: **Morote Uke** rechts (wie bei **Uchi Uke,** aber zusätzlich den linken Arm vor den Bauch legen, so daß die linke Faust den rechten Ellenbogen berührt).

23. Auf dem rechten Fuß um 270° nach links drehen und den linken Fuß in **Zenkutsu Dachi** links setzen: **Gedan Barai** links.

24. Den linken Arm (Hand offen) zum Schwungholen hochheben, anschließend rechten Fuß einen Schritt vorwärts 45° nach rechts in **Zenkutsu Dachi** rechts setzen: **Age Uke** rechts.

23a

23b

24a

24b

22

21b

21a

18

19a

19b

20

27

25. Auf dem linken Bein um 135° nach rechts drehen und rechten Fuß in **Zenkutsu Dachi** rechts setzen: **Gedan Barai** rechts.

26. Den rechten Arm (Hand offen) zum Schwungholen hochheben, anschließend den linken Fuß einen Schritt vorwärts 45° nach links in **Zenkutsu Dachi** links setzen: **Age Uke** links mit **Kiai**.

27. Den linken Fuß in Ausgangsposition **Hachiji Dachi** zurücksetzen.

28. **Musubi Dachi.**

26b   26a   25b   25a

27

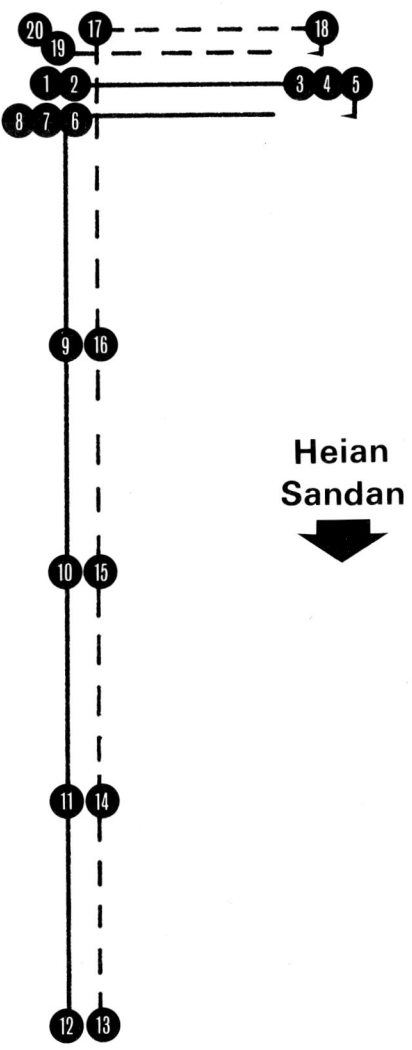

**Heian
Sandan**

Heian Sandan

1. **Musubi Dachi.**
2. **Hachiji Dachi.**
3. Den linken Fuß 90° nach links in **Kokutsu Dachi** links setzen: **Uchi Uke** links.
4. Den rechten Fuß neben den linken in **Heisoku Dachi** (Zehen und Fersen berühren sich) setzen: **Uchi Uke** rechts und gleichzeitig **Gedan Barai** links.
5. Stellung unverändert: **Uchi Uke** links und gleichzeitig **Gedan Barai** rechts.
6. Auf dem linken Bein um 180° nach rechts drehen und rechten Fuß in **Kokutsu Dachi** rechts setzen: **Uchi Uke** rechts.
7. Den linken Fuß neben den rechten in **Heisoku Dachi** setzen: **Uchi Uke** links und gleichzeitig **Gedan Barai** rechts.
8. Stellung unverändert: **Uchi Uke** rechts und gleichzeitig **Gedan Barai** links.
9. Auf dem rechten Bein um 90° nach links drehen und linken Fuß in **Kokutsu Dachi** links setzen: **Morote Uke** links.
10. Den rechten Fuß einen Schritt vorwärts in **Zenkutsu Dachi** rechts setzen: **Nukite** rechts (Linker Handrücken liegt unter dem rechten Oberarm).
11. Auf dem rechten Fuß um 360° nach links drehen und linken

2   3   4   5

8   7   6 b   6 a

9   10   11 a

33

Fuß in **Kiba Dachi** links setzen: **Tettsui** links.

12. Den rechten Fuß einen Schritt vorwärts in **Zenkutsu Dachi** rechts setzen: **Oi Zuki** rechts mit **Kiai**.

13. Auf dem rechten Fuß um 180° nach links drehen und linken Fuß in **Heisoku Dachi** setzen, dabei die Fäuste in die Hüften stemmen.

14. Rechtes Bein hochziehen und mit **Fumikomi** (Aufstampfen) in **Kiba Dachi** rechts absetzen, dabei rechten Arm als Abwehr vor den Körper klappen (Faust bleibt an der Hüfte), anschließend **Uraken Jodan** rechts und Faust sofort zur Hüfte zurückschnappen lassen.

15. Das linke Bein hochziehen und mit **Fumikomi** nach vorn in **Kiba Dachi** links absetzen, dabei linken Unterarm als Abwehr vor den Körper drehen (Faust bleibt an der Hüfte), anschließend **Uraken Jodan** links und Faust sofort zur Hüfte zurückschnappen lassen.

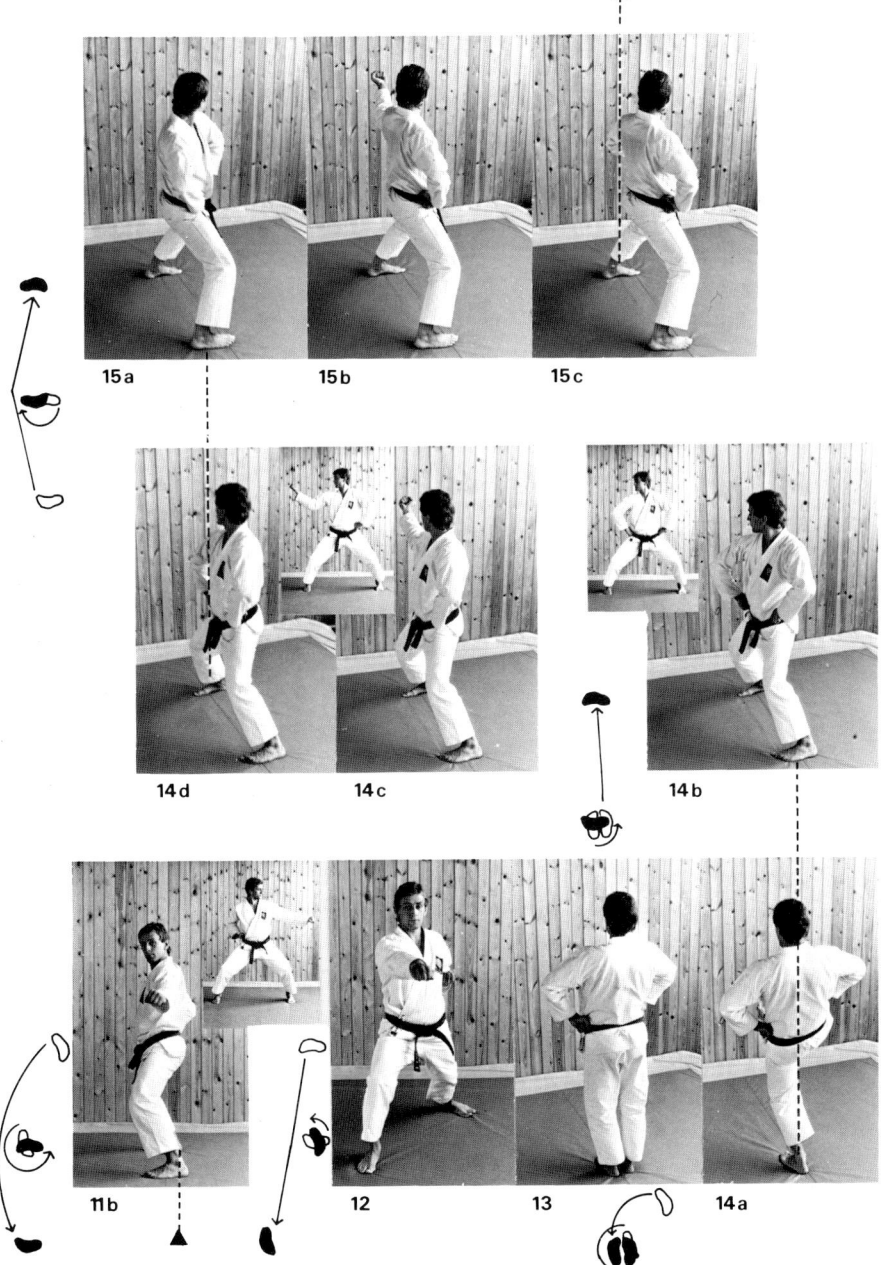

15a   15b   15c

14d   14c   14b

11b   12   13   14a

35

16. Das rechte Bein hochziehen und mit **Fumikomi** nach vorn in **Kiba Dachi** rechts absetzen, dabei rechten Arm als Abwehr vor den Körper drehen (Faust bleibt an der Hüfte), anschließend **Uraken Jodan** rechts und Faust sofort zur Hüfte zurückschnappen lassen.
17. Zum Schwungholen rechten Arm (Hand offen) nach vorn ausstrecken, anschließend linken Fuß einen Schritt vorwärts in **Zenkutsu Dachi** links setzen: **Oi Zuki** links.
18. Den rechten Fuß in Höhe des linken vorziehen, dann auf dem rechten Bein um 180° nach links in **Kiba Dachi** drehen, dabei **Empi Uchi** nach links hinten und gleichzeitig **Mawashi Zuki** rechts nach hinten über die linke Schulter ausführen.
19. In **Kiba Dachi** nach rechts rutschen, dabei **Empi Uchi** nach rechts hinten und gleichzeitig **Mawashi Zuki** links nach hinten über die rechte Schulter mit **Kiai** ausführen.
20. Rechten Fuß in Ausgangsposition **Hachiji Dachi** setzen.
21. **Musubi Dachi.**

20   19

17 b   18 a   18 b   18 c

17 a   16 c   16 b   16 a

37

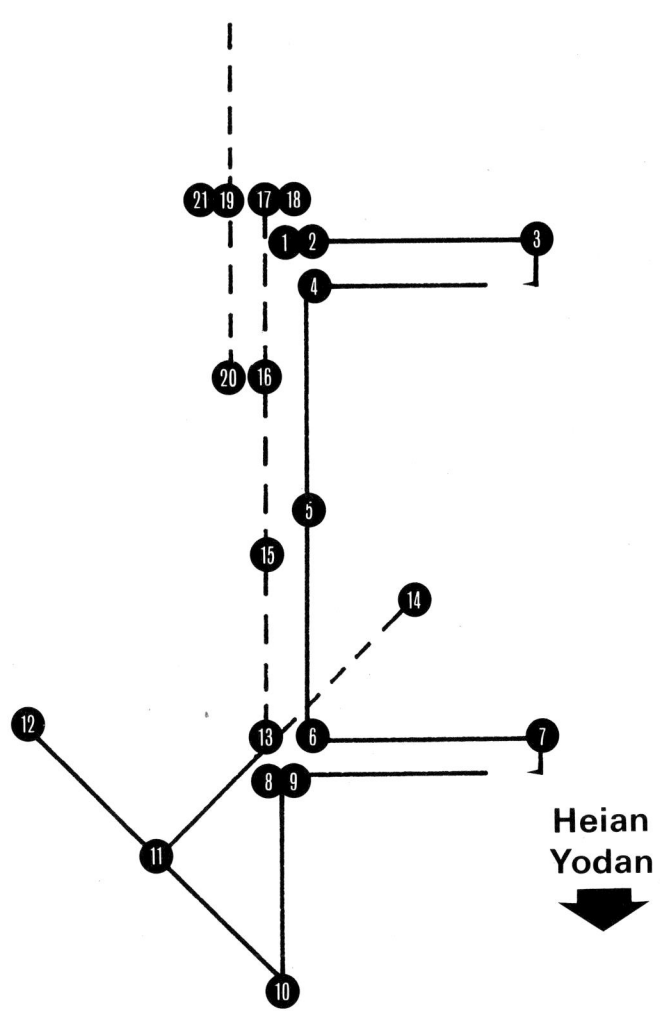

Heian
Yodan

Heian Yodan

1. **Musubi Dachi.**
2. **Hachiji Dachi.**
3. Den linken Fuß um 90° nach links in **Kokutsu Dachi** links setzen, dabei Abwehr links wie **Uchi Uke** aber mit geöffneter Hand: (Der Handrücken zeigt nach außen) **Haishu Uke,** gleichzeitig den rechten Unterarm waagerecht vor die Stirn legen (Handrücken zeigt zur Stirn).
4. Auf der Stelle um 180° nach rechts in **Kokutsu Dachi** rechts drehen: **Haishu Uke** rechts, gleichzeitig den linken Unterarm waagerecht vor die Stirn legen (Handrücken zeigt zur Stirn).
5. Auf dem rechten Fuß um 90° nach links drehen und linken Fuß einen Schritt vorwärts in **Zenkutsu Dachi** links setzen: **Gedan Juji Uke** (Arme gekreuzt vor dem Körper abwärts stoßen).
6. Den rechten Fuß einen Schritt vorwärts in **Kokutsu Dachi** rechts setzen: **Morote Uke** rechts.
7. Das linke Bein hochziehen, gleichzeitig die rechte Faust an die Hüfte ziehen und die linke Faust darüber legen. Anschließend 90° nach links **Yoko Geri** treten, gleichzeitig **Uraken Jodan** links schlagen und in **Zenkutsu Dachi** links absetzen: **Empi Uchi** rechts (linke offene Hand klappt vor den rechten Ellenbogen).

2   3   4

6   5

7a   7b   7c

8. Den linken Fuß etwas heranziehen und um 180° nach rechts drehen, dabei rechtes Bein hochziehen, gleichzeitig linke Faust an die Hüfte und rechte darüber legen. Anschließend **Yoko Geri** rechts treten, gleichzeitig **Uraken Jodan** rechts, und in **Zenkutsu Dachi** rechts absetzen: **Empi Uchi** links (rechte offene Hand klappt vor den linken Ellenbogen).

9. Stellung unverändert: **Gedan Barai** links (Hand offen) mit Kopfdrehung nach links, gleichzeitig rechten Arm (Hand offen) zum Schwungholen hochheben. Anschließend auf der Stelle Hüftdrehung um 90° nach links: **Shuto Uchi** rechts, dabei die offene linke Hand wie zu **Age Uke** hochführen.

10. **Mae Geri** rechts, nach dem Zurückziehen das rechte Bein mit einem Sprung vorn aufsetzen und den linken Fuß (mit dem Ballen) über Kreuz dahinter setzen (beide Knie stark beugen), dabei **Uraken Jodan** rechts mit **Kiai** ausführen.

8c

8b

8a

9a

9b

10 a

10 b

43

11. Auf dem rechten Bein um 225° nach links drehen und den linken Fuß in **Kokutsu Dachi** links setzen: gleichzeitig beidarmige Abwehr wie bei **Uchi Uke** (Die Daumen zeigen aber nach innen): **Kakiwake Uke.**

12. **Mae Geri** rechts und rechten Fuß in **Zenkutsu Dachi** rechts vorn aufsetzen: **Oi Zuki** rechts, anschließend **Gyaku Zuki** links.

13. Auf dem linken Bein um 90° nach rechts drehen und den rechten Fuß in **Kokutsu Dachi** rechts setzen: **Kakiwake Uke.**

14. **Mae Geri** links und linken Fuß nach vorn in **Zenkutsu Dachi** links absetzen: **Oi Zuki** links, anschließend **Gvaku Zuki** rechts.

15. Auf dem rechten Fuß um 45° nach links drehen und linken Fuß in **Kokutsu Dachi** links aufsetzen: **Morote Uke** links.

16. Den rechten Fuß einen Schritt vorwärts in **Kokutsu Dachi** rechts setzen: **Morote Uke** rechts.

17. Den linken Fuß einen Schritt vorwärts in **Kokutsu Dachi** links setzen: **Morote Uke** links.

17

16

15

13

14a

14b

14c

12c

12b

12a

11

45

18. Auf der Stelle in **Zenkutsu Dachi** links drehen, dabei die geöffneten beiden Hände in Kopfhöhe vorstrecken, anschließend **Hiza Geri** rechts, gleichzeitig beide Arme (Hände geschlossen) mit **Kiai** nach unten reißen.
19. Den rechten Fuß nach vorn absetzen, dabei um 180° nach links in **Kokutsu Dachi** links drehen: **Shuto Uke** links.
20. Den rechten Fuß einen Schritt vorwärts in **Kokutsu Dachi** rechts setzen: **Shuto Uke** rechts.
21. Den rechten Fuß in Ausgangsposition **Hachiji Dachi** zurücksetzen.
22. **Musubi Dachi.**

18 a   18 b   19

21   20

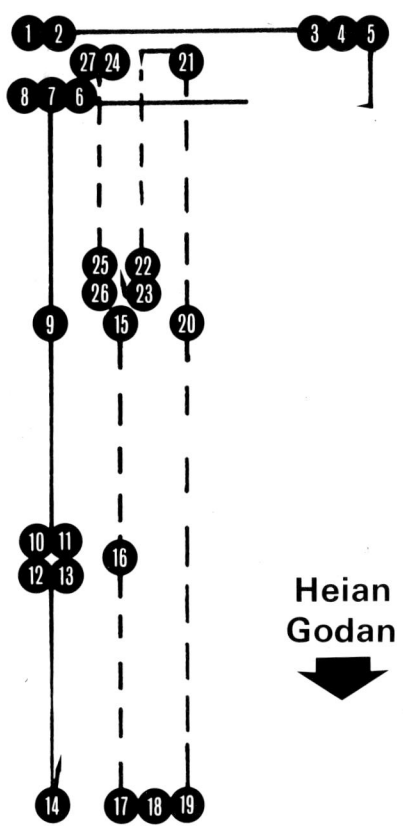

Heian Godan

49

Heian Godan

1. **Musubi Dachi.**
2. **Hachiji Dachi.**
3. Den linken Fuß um 90° nach links in **Kokutsu Dachi** links setzen: **Uchi Uke** links.
4. Stellung unverändert: **Gyaku Zuki** rechts.
5. Auf dem linken Fuß um 90° nach rechts drehen, gleichzeitig rechten Fuß zum linken in **Heisoku Dachi** setzen. Der Kopf wird noch um 90° weiter nach rechts gedreht. Die Rechte Faust wird an die Hüfte zurückgezogen, den linken Unterarm waagerecht (mit Abstand) vor die Brust halten.
6. Den rechten Fuß um 90° nach rechts in **Kokutsu Dachi** rechts setzen: **Uchi Uke** rechts.
7. Stellung unverändert: **Gyaku Zuki** links.
8. Auf dem rechten Fuß um 90° nach links drehen, gleichzeitig linken Fuß an den rechten in **Heisoku Dachi** setzen. Dabei die linke Faust an die Hüfte ziehen, den rechten Unterarm waagerecht (mit Abstand) vor die Brust halten.
9. Den rechten Fuß einen Schritt vorwärts in **Kokutsu Dachi** rechts setzen: **Morote Uke** rechts.
10. Den linken Fuß einen Schritt vorwärts in **Zenkutsu Dachi** links setzen: **Gedan Juji Uke.**
11. Stellung unverändert: **Jodan Juji Uke** (mit beiden Armen

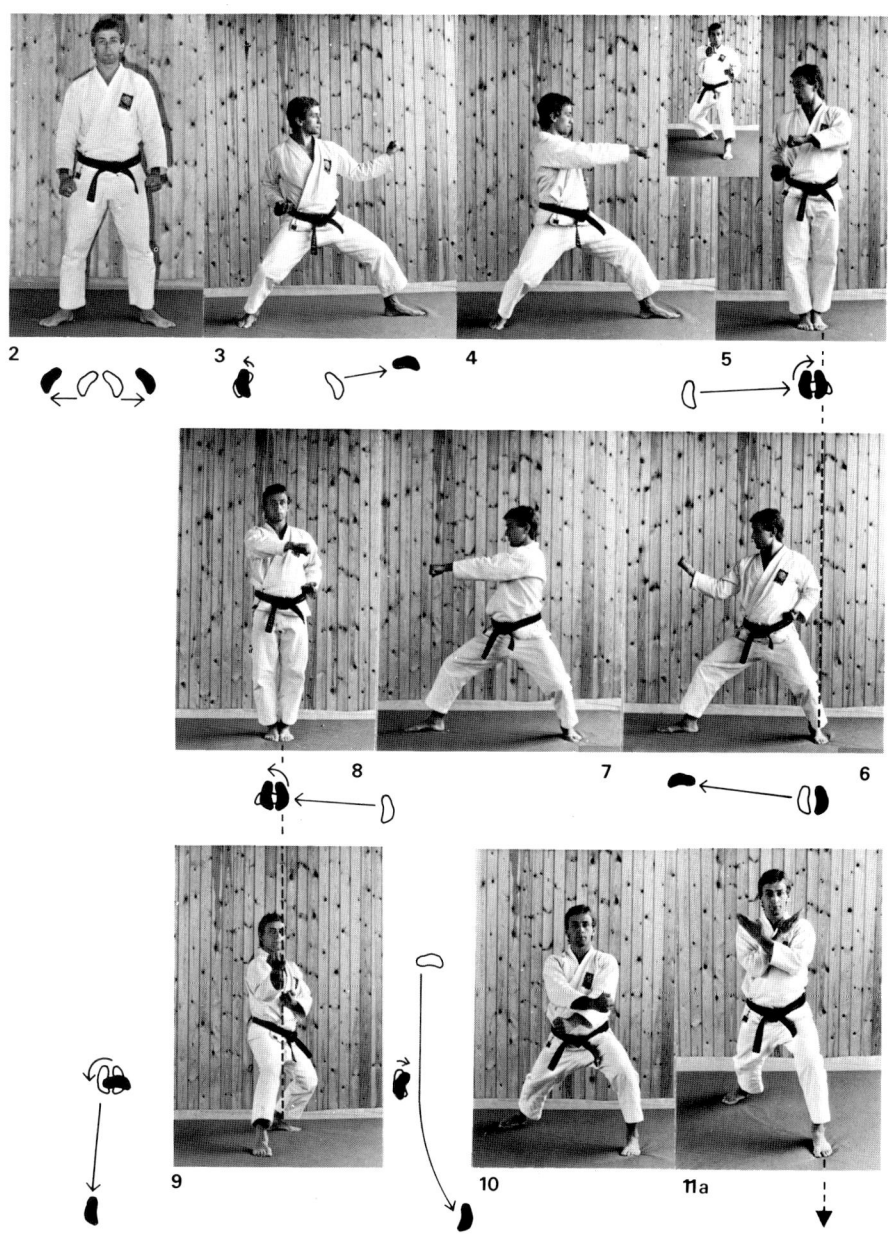

2

3

4

5

8

7

6

9

10

11a

gleichzeitig) **Age Uke** (geöffnete Hände).

12. Stellung unverändert: Rechten Arm nach unten schlagen, bis der Unterarm (Handrücken zeigt nach unten) waagerecht nach vorn zeigt, gleichzeitig den linken Unterarm waagerecht vor den Bauch legen, so daß die linke Handfläche über dem rechten Arm liegt.

13. Stellung unverändert: **Chudan Zuki** links.

14. Den rechten Fuß einen Schritt vorwärts in **Zenkutsu Dachi** rechts setzen: **Oi Zuki** rechts mit **Kiai**.

15. Auf dem linken Bein um 180° nach links drehen und rechtes Bein mit **Mikazuki Geri** (Bein ziemlich gestreckt mit der Fußsohle nach vorn im Bogen durch die Luft schwingen) in **Kiba Dachi** rechts aufsetzen: Der rechte Arm führt gleichzeitig im großen Bogen **Gedan Barai** rechts aus.

16. Stellung unverändert: 180° nach links **Haishu Uke** links.

17. **Mikazuki Geri** rechts gegen die linke Hand und den rechten Fuß in **Kiba Dachi** rechts aufsetzen: **Empi Uchi** rechts, die linke Handfläche klappt vor den rechten Ellenbogen.

18. Den linken Fuß über Kreuz hinter den rechten setzen: **Morote Uke** rechts 90° nach rechts.

16   17 a   17 b   18

15 c   15 b   15 a

11 b   12   13   14

53

19. Auf dem rechten Bein um 180° nach links drehen und linken Fuß in **Hidari Shizentai** setzen: Den rechten Arm hochstoßen, die linke Faust bleibt am rechten Ellenbogen.

20. Ein Sprung nach vorn (Beine hochziehen), dabei Fäuste an die Hüfte ziehen. Um 90° nach links gedreht auf dem rechten Bein (stark angewinkelt) landen, der linke Fuß steht über Kreuz hinter dem rechten: **Gedan Juji Uke.**

21. Auf dem linken Fuß um 90° nach rechts drehen und rechten Fuß in **Zenkutsu Dachi** rechts aufsetzen: **Morote Uke** rechts mit **Kiai.**

22. Stellung unverändert: Den linken Arm wie bei **Gedan Barai** nach hinten schlagen, die rechte Hand wie bei **Age Uke** geöffnet hochführen. Auf dem rechten Bein um 180° links herum in **Zenkutsu Dachi** links drehen. Den linken Arm im Bogen zur rechten Schulter führen: **Nagashi Uke,** gleichzeitig rechten Arm mit **Nukite** nach vorn unten stoßen (Handrücken nach unten).

23. Auf der Stelle in **Kokutsu Dachi** links drehen: **Gedan Barai** links, gleichzeitig rechten Arm nach hinten oben reißen wie bei **Uchi Uke Jodan.**

24. Den linken Fuß in **Heisoku Dachi** setzen.

25. Auf dem linken Bein drehen und den rechten Fuß einen Schritt vorwärts in **Zenkutsu Dachi** rechts setzen: **Nagashi Uke** rechts, gleichzeitig **Nukite** links nach vorn unten.

26. Auf der Stelle in **Kokutsu Dachi** rechts drehen: **Gedan Barai** rechts, gleichzeitig den linken Arm nach hinten oben reißen wie bei **Uchi Uke Jodan.**

27. Rechten Fuß in Ausgangsposition **Hachiji Dachi** zurücksetzen.

28. **Musubi Dachi.**

19   20a   20b   21

23   22b   22a

24   25   26   27

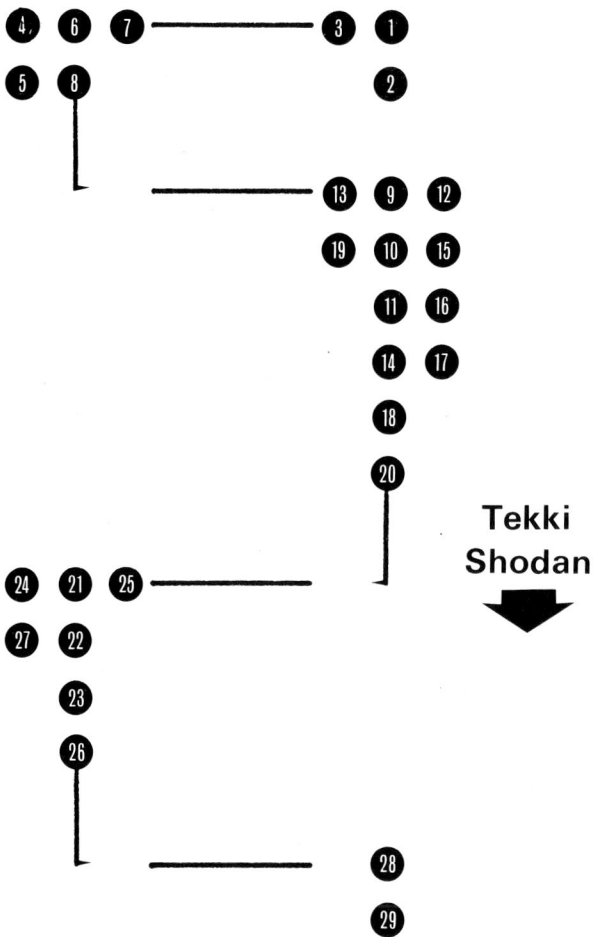

Tekki
Shodan

57

Tekki Shodan

1. **Musubi Dachi.**
2. **Heisoku Dachi,** dabei Hände geöffnet übereinander legen (linke Handfläche auf rechtem Handrücken).
3. Den linken Fuß über Kreuz vor den rechten setzen, dabei Kopfdrehung nach rechts.
4. Rechtes Bein hochziehen und in **Kiba Dachi** aufsetzen: **Haishu Uke** rechts.
5. **Empi Uchi** links (mit Drehung des Oberkörpers), gegen die geöffnete rechte Hand.
6. Kopfdrehung um 180° nach links, gleichzeitig rechte Faust an die Hüfte ziehen, linke darüberlegen.
7. **Gedan Barai** links.
8. Die linke Faust an die Hüfte ziehen, den rechten Arm angewinkelt (mit Abstand) waagerecht vor der Brust halten.
9. Den rechten Fuß über Kreuz vor den linken setzen, linkes Bein hochziehen und in **Kiba Dachi** aufsetzen, dabei Kopf um 90° nach rechts drehen und **Uchi Uke** rechts ausführen.
10. Den rechten Arm angewinkelt vor die Brust legen (Faust an der Schulter), den linken Arm nach vorn unten strecken.

4b   4a   3   2

5   6   7   8

9a   9b   9c   10a

Anschließend **Gedan Barai** rechts und **Nagashi Uke** links nach hinten.

11. Den linken Arm angewinkelt in Kopfhöhe vorstoßen: **Ura Zuki**, die rechte Faust an den linken Ellenbogen legen (Unterarm waagerecht).

12. Kopfdrehung um 90° nach links, den linken Unterschenkel in die Waagerechte hochklappen, ohne den Körper zu bewegen: **Nami Gaeshi**. Den linken Fuß wieder in **Kiba Dachi** absetzen, dabei **Uchi Uke** links nach links (Handrücken zeigt nach außen, rechte Faust noch am linken Ellenbogen).

13. Kopfdrehung um 180° nach rechts, **Nami Gaeshi** rechts und in **Kiba Dachi** absetzen, dabei mit Körperdrehung **Soto Uke** links nach rechts ausführen (Armhaltung wie bei 12).

14. Kopfdrehung um 180° nach links, rechte Faust an die Hüfte ziehen, linke darüberlegen.

15. **Chudan Zuki** links nach links und gleichzeitig rechten Arm angewinkelt vor dem Körper nach links stoßen: **Kagi Zuki** mit **Kiai**.

16. **Haishu Uke** links.

17. **Empi Uchi** rechts mit Körperdrehung gegen die linke offene Hand.

18. Kopfdrehung um 180° nach rechts, dabei linke Faust an die Hüfte ziehen, rechte darüberlegen.

10b   11   12a   12b

14   13b   13a

15   16   17   18

19. **Gedan Barai** rechts.
20. Die rechte Faust an die Hüfte ziehen, den linken Arm ange-
    winkelt (mit Abstand) waagerecht vor die Brust halten.
21. Den linken Fuß über Kreuz vor den rechten setzen, das rechte
    Bein hochziehen und in **Kiba Dachi** absetzen: **Uchi Uke**
    links mit entsprechender Kopfdrehung.
22. Den linken Arm angewinkelt vor die Brust legen (Faust an
    die Schulter), den rechten Arm nach vorn unten strecken.
    Anschließend **Gedan Barai** links und gleichzeitig **Nagashi
    Uke** rechts (Handrücken zeigt nach hinten).
23. **Ura Zuki** rechts (linke Faust am rechten Ellenbogen).
24. Kopfdrehung um 90° nach rechts, **Nami Gaeshi** rechts
    dann in **Kiba Dachi** absetzen: **Uchi Uke** rechts nach rechts
    (Der Handrücken zeigt nach außen, die linke Faust befindet
    sich am rechten Ellenbogen).

21b   21a   20   19

21c   22a   22b   23

24b   24a

25. Kopfdrehung um 180° nach links, **Nami Gaeshi** links und in **Kiba Dachi** absetzen: **Soto Uke** rechts nach links (Armhaltung wie in 24).

26. Kopfdrehung um 180° nach rechts, dabei linke Faust an die Hüfte ziehen, rechte darüber legen.

27. **Chudan Zuki** rechts und gleichzeitig **Kagi Zuki** links nach rechts mit **Kiai.**

28. Rechten Fuß in die Ausgangsposition **Heisoku Dachi** zurücksetzen, dabei Hände übereinander legen (linke Handfläche auf rechtem Handrücken).

29. **Musubi Dachi.**

25 a   25 b   26

28   27

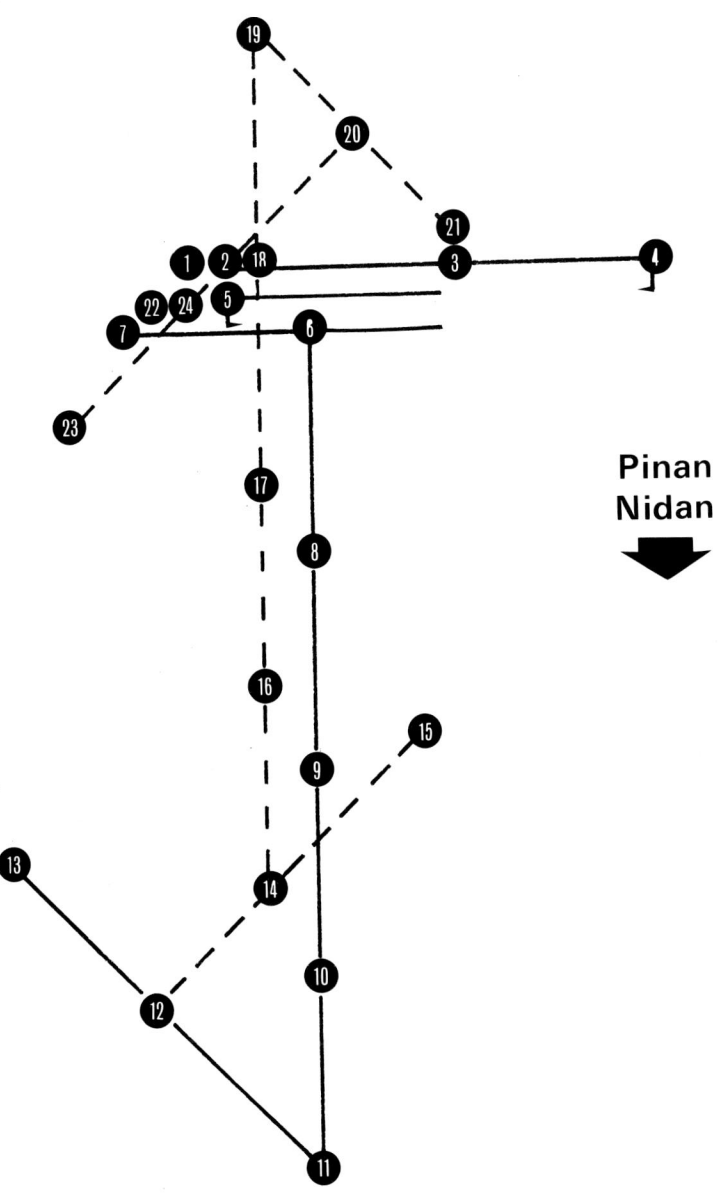

Pinan
Nidan

67

Pinan Nidan

1. **Musubi Dachi.**
2. **Hachiji Dachi.**
3. Den linken Fuß um 90° nach links in **Neko Ashi Dachi** links setzen: **Tettsui** links (gestreckt abwärts bis in Gürtelhöhe).
4. Den rechten Fuß einen Schritt vorwärts in **Zenkutsu Dachi** rechts setzen: **Jun Zuki** rechts.
5. Auf dem linken Bein um 180° nach rechts drehen und rechren Fuß in **Zenkutsu Dachi** rechts setzen: **Gedan Barai** rechts.
6. Den rechten Fuß in **Hammi Shizentai** zurückziehen, gleichzeitig den rechten Arm im großen Bogen vor dem Körper bis über Kopfhöhe hochziehen und gestreckt schräg vor dem Körper bis in Solar-Plexus-Höhe abwärts schlagen: **Tettsui** rechts.
7. Den linken Fuß einen Schritt vorwärts in **Zenkutsu Dachi** links setzen: **Jun Zuki** links.

1   2   3   4

5b   5a

7   6b   6a

69

8. Auf dem rechten Bein um 90° nach links drehen und linken Fuß in **Zenkutsu Dachi** links setzen: **Gedan Barai** links.
9. Den rechten Fuß einen Schritt vorwärts in **Zenkutsu Dachi** rechts setzen: **Jodan Uke** rechts.
10. Den linken Fuß einen Schritt vorwärts in **Zenkutsu Dachi** links setzen: **Jodan Uke** links.
11. Den rechten Fuß einen Schritt vorwärts in **Zenkutsu Dachi** rechts setzen: **Jodan Uke** rechts mit **Kiai**.
12. Auf dem rechten Bein um 225° nach links drehen und linken Fuß in **Zenkutsu Dachi** links setzen: **Gedan Barai** links.
13. Den rechten Fuß einen Schritt vorwärts in **Zenkutsu Dachi** rechts setzen: **Jun Zuki** rechts.

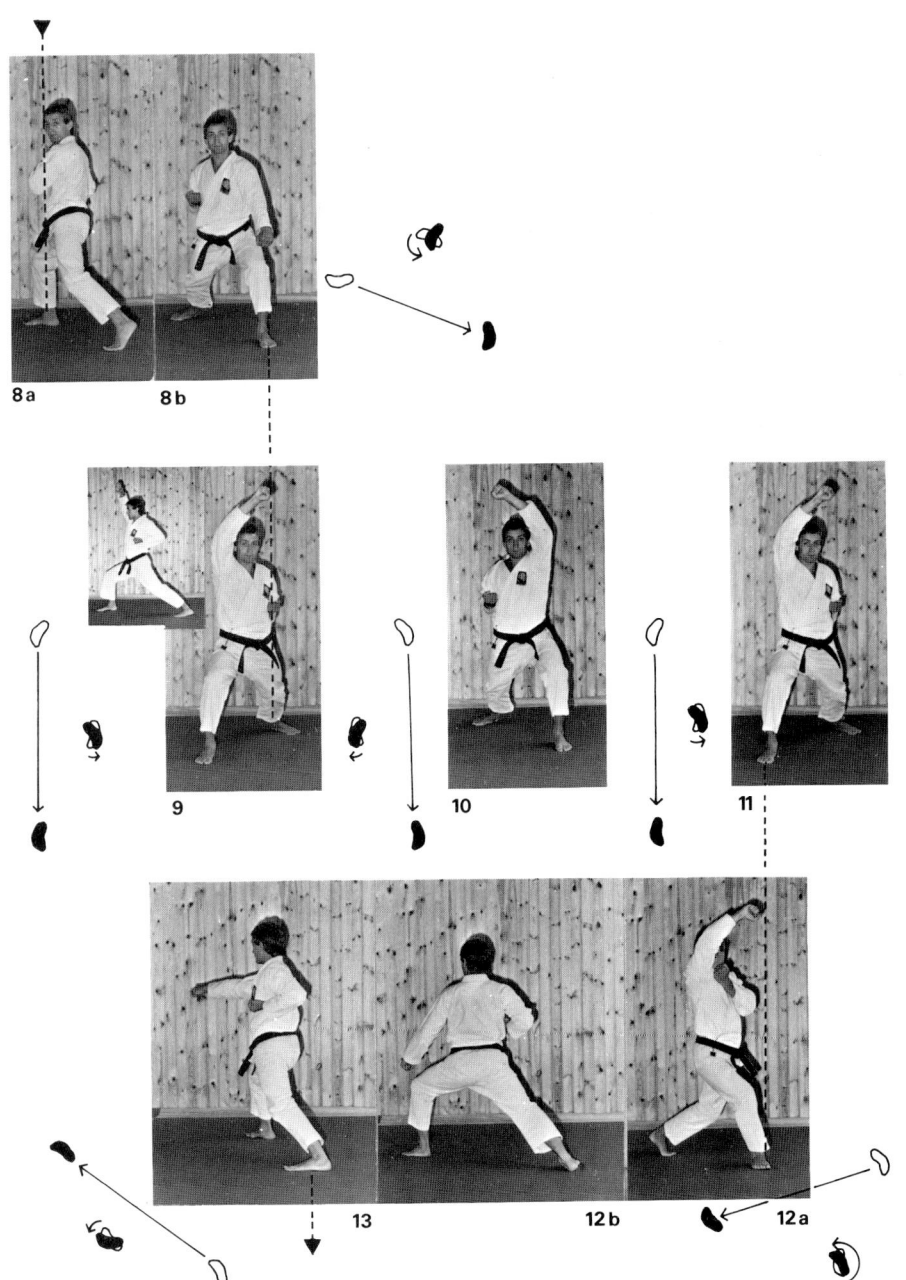

8a   8b

9

10

11

13   12b   12a

14. Auf dem linken Bein um 90° nach rechts drehen und rechten Fuß in **Zenkutsu Dachi** rechts setzen: **Gedan Barai** rechts.

15. Den linken Fuß einen Schritt vorwärts in **Zenkutsu Dachi** links setzen: **Jun Zuki** links.

16. Auf dem rechten Bein um 45° nach links drehen und linken Fuß in **Zenkutsu Dachi** links setzen: **Gedan Barai** links.

17. Den rechten Fuß einen Schritt vorwärts in **Zenkutsu Dachi** rechts setzen: **Jun Zuki** rechts.

18. Den linken Fuß einen Schritt vorwärts in **Zenkutsu Dachi** links setzen: **Jun Zuki** links.

19. Den rechten Fuß einen Schritt vorwärts in **Zenkutsu Dachi** rechts setzen: **Jun Zuki** rechts mit **Kiai**.

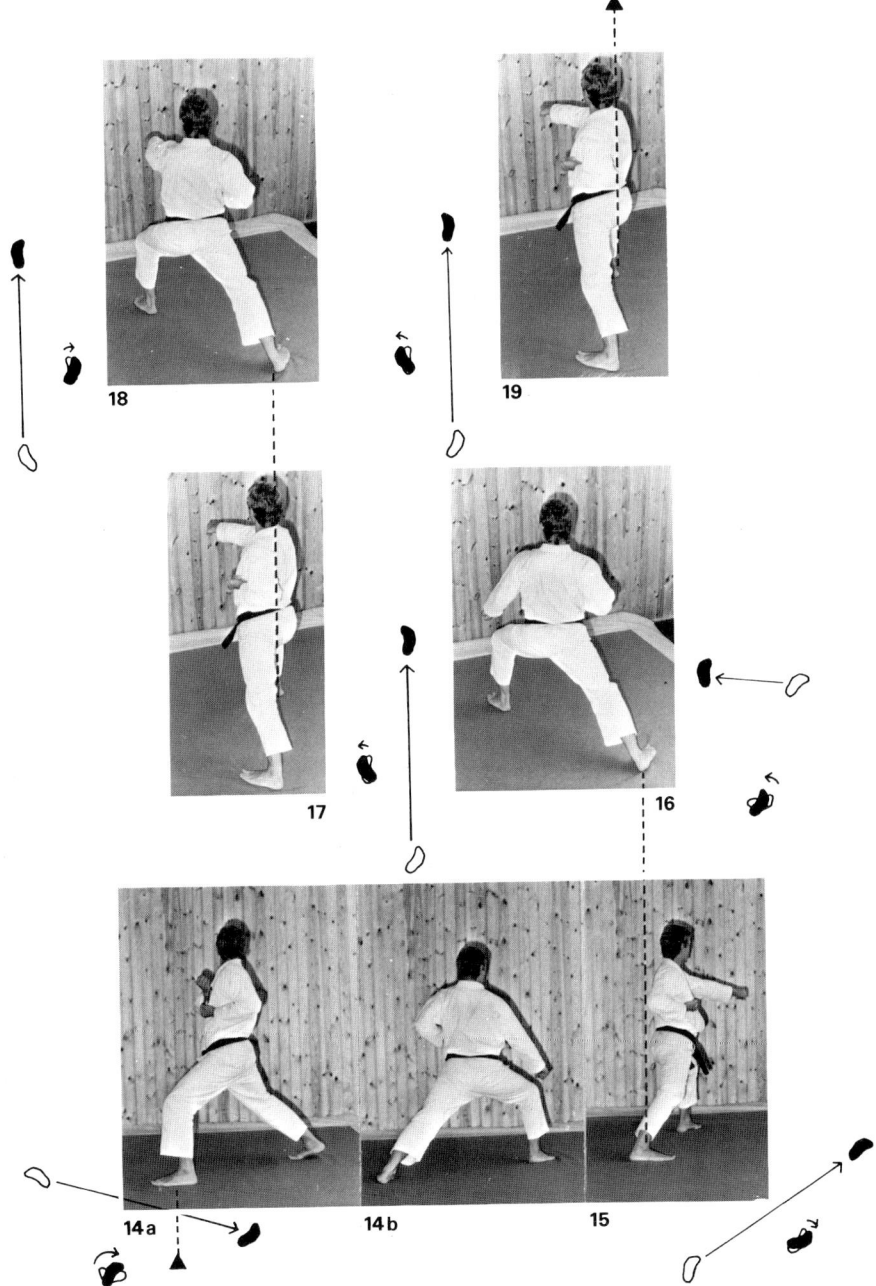

18

19

17

16

14 a   14 b   15

73

20. Auf dem rechten Bein um 225° nach links drehen und linken Fuß in kurze frontale **Neko Ashi Dachi** Stellung ziehen (dabei Hände offen aufeinander legen, die rechte unten, die linke oben; Handrücken zusammen). Anschließend linken Fuß in **Shiko Dachi** links vorsetzen: **Nukite** links in Gürtelhöhe (rechte Hand offen vor dem Solar-Plexus).

21. Den rechten Fuß einen Schritt vorwärts in **Shiko Dachi** rechts setzen: **Nukite** rechts.

22. Auf dem linken Fuß um 90° nach rechts drehen und rechten Fuß in kurzes frontales **Neko Ashi Dachi** ziehen, Hände (rechte Hand oben) mit den Handrücken aufeinander legen. Anschließend rechten Fuß einen Schritt vorwärts in **Shiko Dachi** rechts setzen: **Nukite** rechts.

23. Den linken Fuß einen Schritt vorwärts in **Shiko Dachi** links setzen: **Nukite** links.

24. Den linken Fuß in Ausgangsstellung **Hachiji Dachi** zurückziehen.

25. **Musubi Dachi**.

20a   20b   21

23   22b   22a

24

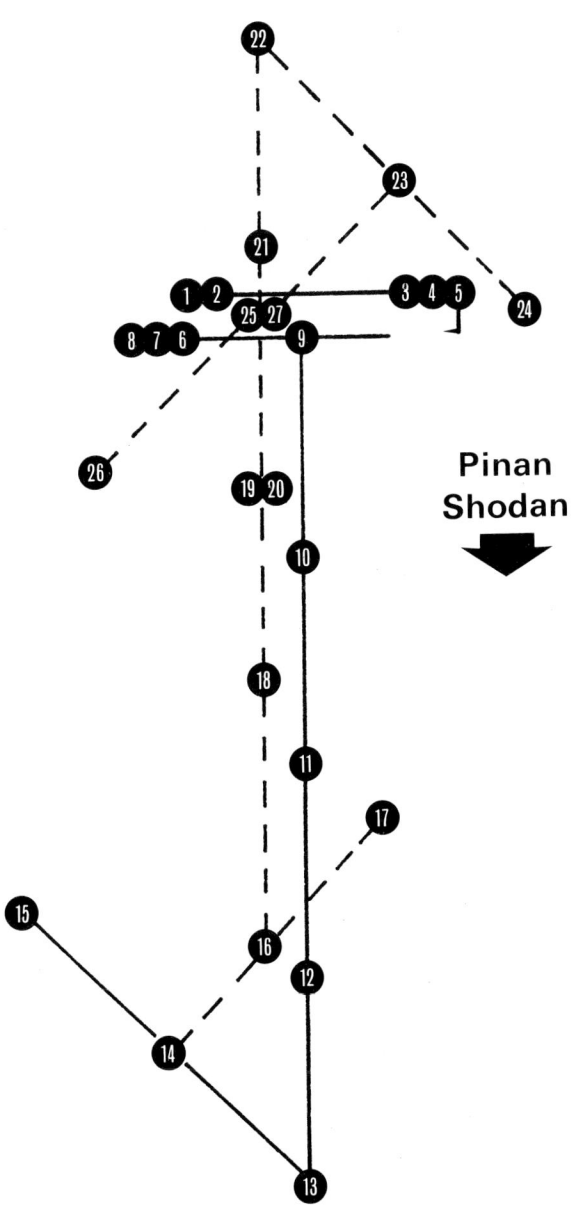

**Pinan
Shodan**

Pinan Shodan

1. **Musubi Dachi.**
2. **Hachiji Dachi.**
3. Den linken Fuß um 90° nach links in **Neko Ashi Dachi** links setzen, gleichzeitig **Soto Uke** links ausführen und dabei rechten Unterarm waagerecht vor die Stirn halten (Handrücken zeigt zur Stirn).
4. Stellung unverändert, mit Hüftdrehung **Tettsui** rechts abwärts bis in Solar-Plexus-Höhe und gleichzeitig **Nagashi Uke** links ausführen (wie **Uchi Uke,** aber bis neben die rechte Kopfseite zurückführen).
5. Beide Beine gleichmäßig belasten: **Shizentai,** dabei **Tettsui Jodan** links ausführen.
6. Den rechten Fuß nach rechts in **Neko Ashi Dachi** rechts setzen, gleichzeitig **Soto Uke** rechts ausführen, dabei linken Unterarm waagerecht vor die Stirn halten (Handrücken zur Stirn).
7. Stellung unverändert, mit Hüftdrehung **Tettsui** links abwärts bis in Solar-Plexus-Höhe, gleichzeitig **Nagashi Uke** rechts ausführen.
8. Beide Beine gleichmäßig belasten: **Shizentai,** dabei **Tettsui Jodan** rechts ausführen.
9. Auf der Stelle um 90° nach rechts drehen, dabei rechten Arm zum Schwungholen abwärts führen. Anschließend erfolgt **Mae Geri** rechts und gleichzeitig **Soto Uke** rechts.
10. Den rechten Fuß am linken absetzen, um 180° nach links drehen und linken Fuß in **Neko Ashi Dachi** links vorsetzen: **Shuto Uke** links.

2

3

4

5

8   7   6b   6a

9a   9b   10   10b

11. Den rechten Fuß einen Schritt vorwärts in **Neko Ashi Dachi** rechts setzen: **Shuto Uke** rechts.

12. Den linken Fuß einen Schritt vorwärts in **Neko Ashi Dachi** links setzen: **Shuto Uke** links.

13. Den rechten Fuß einen Schritt vorwärts in **Zenkutsu Dachi** rechts setzen: **Nukite** rechts mit **Kiai** (wie **Jun Zuki**, aber vordere Hand offen).

14. Auf dem rechten Fuß um 225° nach links drehen und linken Fuß in **Neko Ashi Dachi** links setzen: **Shuto Uke** links.

15. Den rechten Fuß einen Schritt vorwärts in **Neko Ashi Dachi** rechts setzen: **Shuto Uke** rechts.

16. Auf dem linken Fuß um 90° nach rechts drehen und rechten Fuß in **Neko Ashi Dachi** rechts setzen: **Shuto Uke** rechts.

17. Den linken Fuß einen Schritt vorwärts in **Neko Ashi Dachi** links setzen: **Shuto Uke** links.

16 a   16 b   17

15   14 b   14 a

11   12   13

18. Auf dem rechten Fuß um 45° nach links drehen und linken Fuß in **Zenkutsu Dachi** links setzen: **Soto Uke** rechts (!).
19. **Mae Geri** rechts und rechten Fuß in **Zenkutsu Dachi** rechts absetzen: **Gyaku Zuki** links.
20. Stellung unverändert: **Soto Uke** links.
21. **Mae Geri** links und linken Fuß in **Zenkutsu Dachi** links absetzen: **Gyaku Zuki** rechts.
22. Den rechten Fuß einen Schritt vorwärts in **Zenkutsu Dachi** rechts setzen: **Morote Uke** rechts (wie bei **Soto Uke**, zusätzlich linken Arm vor den Bauch legen, so daß die Faust den rechten Ellenbogen berührt) mit **Kiai**.

21a

21b

22

20

19b

19a

18

23. Auf dem rechten Fuß um 225° nach links drehen und linken Fuß in **Zenkutsu Dachi** links setzen: **Gedan Barai** links.
24. Den rechten Fuß einen Schritt vorwärts in **Zenkutsu Dachi** rechts setzen: **Jodan Uke** rechts.
25. Auf dem linken Fuß um 90° nach rechts drehen und rechten Fuß in **Zenkutsu Dachi** rechts setzen: **Gedan Barai** rechts.
26. Den linken Fuß einen Schritt vorwärts in **Zenkutsu Dachi** links setzen: **Jodan Uke** links.
27. Den linken Fuß in Ausgangsposition **Hachiji Dachi** zurücksetzen.
28. **Musubi Dachi.**

23a 23b 24

26 25b 25a

27

85

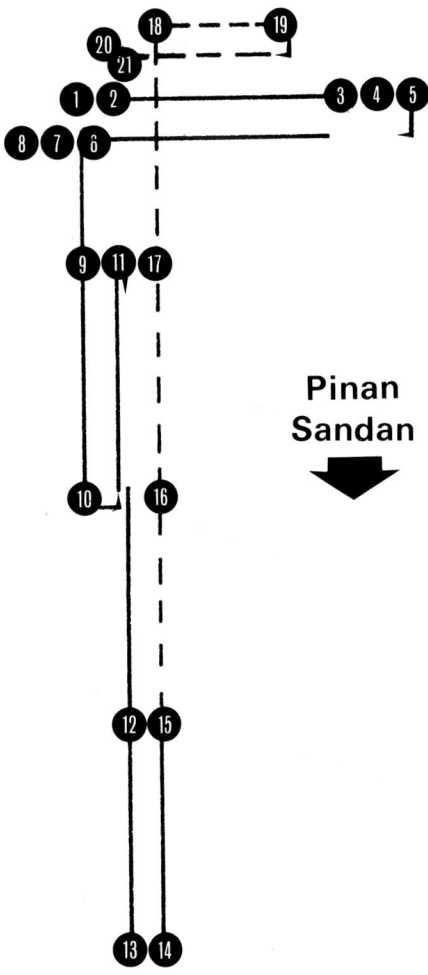

**Pinan
Sandan**

Pinan Sandan

1. **Musubi Dachi.**
2. **Hachiji Dachi.**
3. Den linken Fuß um 90° nach links in **Neko Ashi Dachi** links setzen (kurze, frontale Stellung): **Soto Uke** links.
4. Den rechten Fuß in **Heisoku Dachi** vorsetzen (Fersen und Zehen berühren sich): gleichzeitig **Gedan Barai** links und **Soto Uke** rechts.
5. Stellung unverändert: gleichzeitig **Gedan Barai** rechts und **Soto Uke** links.
6. Auf dem linken Fuß um 180° nach rechts drehen und rechten Fuß in **Neko Ashi Dachi** rechts (kurze, frontale Stellung) setzen: **Soto Uke** rechts.
7. Den linken Fuß in **Heisoku Dachi** vorsetzen: gleichzeitig **Gedan Barai** rechts und **Soto Uke** links.
8. Stellung unverändert: gleichzeitig **Gedan Barai** links und **Soto Uke** rechts.
9. Auf dem rechten Fuß um 90° nach links drehen und linken Fuß in **Neko Ashi Dachi** links (kurze, frontale Stellung) setzen: **Soto Uke** links.
10. Den rechten Fuß einen Schritt vorwärts in **Zenkutsu Dachi** rechts setzen: **Nukite** rechts.

2

3

4

5

8

7

6b

6a

9

10

89

11. Auf dem rechten Fuß um 180° nach links drehen und linken Fuß in **Zenkutsu Dachi** links setzen, dabei rechte Hand mit dem Handrücken auf das Gesäß legen.

12. Auf dem rechten Fuß um 180° nach links drehen und linken Fuß in **Shiko Dachi** links setzen: **Tettsui Chudan** links.

13. Den rechten Fuß einen Schritt vorwärts in **Zenkutsu Dachi** rechts setzen: **Jun Zuki** rechts mit **Kiai**.

14. Auf dem rechten Bein um 180° nach links drehen und linken Fuß in **Musubi Dachi** setzen, dabei die Fäuste in die Hüften stemmen.

15. Den rechten Fuß einen Schritt in **Shiko Dachi** rechts vorsetzen, dabei rechten Unterarm als Abwehr vor den Körper drehen (Faust bleibt an der Hüfte), anschließend **Tettsui** rechts in Rippenhöhe und Faust zur Hüfte zurücksetzen.

11   12 a   12 b   13

15 c   15 b   15 a   14

16. Den linken Fuß einen Schritt vorwärts in **Shiko Dachi** links setzen, dabei linken Unterarm als Abwehr vor den Körper klappen (Faust bleibt an der Hüfte), anschließend **Tettsui** links und Faust zur Hüfte zurücknehmen.

17. Den rechten Fuß einen Schritt vorwärts in **Shiko Dachi** rechts setzen; dabei rechten Unterarm als Abwehr vor den Körper drehen (Faust bleibt an der Hüfte), anschließend **Tettsui** rechts, wobei der rechte Arm vorgestreckt stehen bleibt.

18. Den linken Fuß einen Schritt vorwärts in **Zenkutsu Dachi** links setzen: **Jun Zuki** links mit **Kiai**.

19. Den rechten Fuß auf Höhe des linken vorsetzen, dann auf dem rechten Fuß um 180° nach links drehen und den linken Fuß in **Shizentai** aufsetzen: gleichzeitig **Empi Uchi** links nach hinten und **Mawashi Zuki** rechts über die linke Schulter nach hinten.

20. In **Shizentai** nach rechts gleiten, gleichzeitig **Empi Uchi** rechts nach hinten und **Mawashi Zuki** links über die rechte Schulter nach hinten ausführen.

21. Den rechten Fuß in Ausgangsposition **Hachiji Dachi** zurücksetzen.

22. **Musubi Dachi.**

19 a

19 b

19 c

20

21

18

17 b

17 a

16 a

16 b

16 c

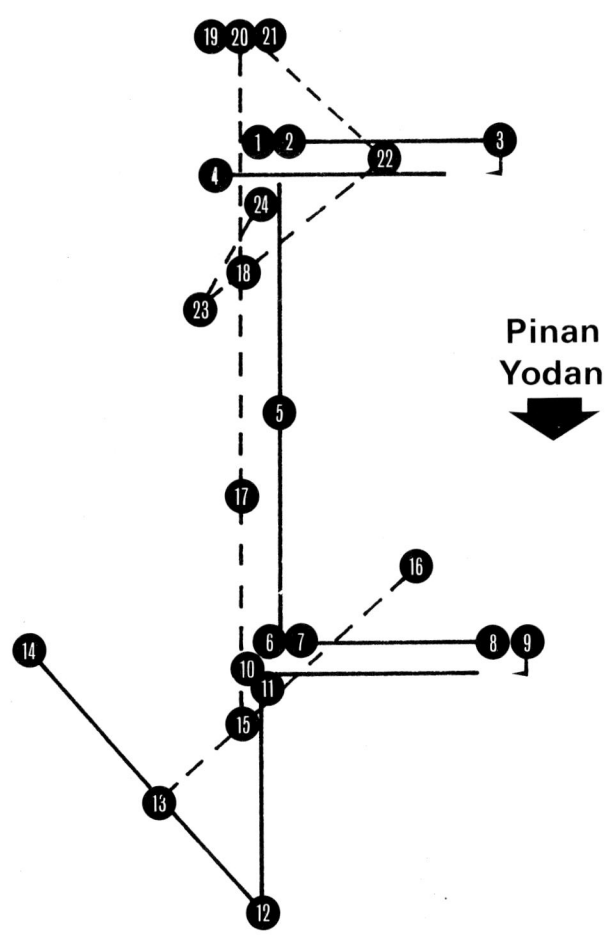

Pinan
Yodan

Pinan Yodan

1. **Musubi Dachi.**
2. **Hachiji Dachi.**
3. Den linken Fuß um 90° nach links in **Neko Ashi Dachi** links setzen: **Haishu Uke** links (wie **Soto Uke,** aber mit dem Handrücken der geöffneten Hand abwehren), dabei den rechten Unterarm waagerecht vor die Stirn legen (Handrücken zeigt zur Stirn).
4. Den linken Fuß etwas zum rechten hin setzen **(Hachiji Dachi),** dann den rechten Fuß nach rechts in **Neko Ashi Dachi** rechts setzen: **Haishu Uke** rechts, dabei den linken Unterarm waagerecht vor die Stirn legen (Handrücken zur Stirn).
5. Den rechten Fuß etwas zum linken hin setzen **(Hachiji Dachi),** dann um 90° nach links drehen und den linken Fuß in **Zenkutsu Dachi** links vorsetzen: **Gedan Juji Uke** (beide Arme über Kreuz als Abwehr nach unten stoßen).
6. Den Rechten Fuß einen Schritt vorwärts in **Neko Ashi Dachi** rechts setzen: **Soto Uke** rechts (der linke Arm befindet sich waagerecht vor dem Bauch).
7. Den linken Fuß in **Heisoku Dachi** vorsetzen, dabei rechte Faust an die Rippen ziehen, den linken Unterarm waagerecht vor den Bauch legen, und den Kopf um 90° nach links drehen.

2

3

4b

4a

5a

5b

6

7

97

8. In Blickrichtung **Mae Geri** links und gleichzeitig **Gedan Barai** links ausführen; den linken Fuß in **Zenkutsu Dachi** links absetzen: **Empi Uchi** rechts (linke Handfläche klappt vor den rechten Ellenbogen).

9. Auf dem linken Fuß um 90° nach rechts drehen und den rechten Fuß heransetzen: **Heisoku Dachi,** gleichzeitig linke Faust an die Rippen ziehen und rechten Unterarm waagerecht vor den Bauch legen, Kopf dabei um 180° nach rechts drehen, (d. h. um 90° weiter als den Körper).

10. In Blickrichtung **Mae Geri** rechts und gleichzeitig **Gedan Barai** rechts. Den rechten Fuß in **Zenkutsu Dachi** rechts absetzen: **Empi Uchi** links (rechte Handfläche klappt vor den linken Ellenbogen).

11. Auf der Stelle um 90° nach links in **Gyaku Zuki No Tsukkomi-Stellung** links drehen: **Harai Uke Chudan** rechts, (Finger zeigen nach unten, Daumen geradeaus), gleichzeitig den linken Arm wie bei **Jodan Uke** (aber Hand offen) über den Kopf nehmen.

12. **Mae Geri** rechts, nach dem Zurückschnappen das rechte Bein mit einem Sprung vorn absetzen und belasten, dabei den linken Fuß (das Knie berührt locker das rechte Bein) auf den Ballen aufsetzen: **Jodan Uraken** rechts mit **Kiai,** wobei der linke Arm mit **Haishu Uke** abwärts an die Rippen geführt wird.

13. Auf dem rechten Fuß um 225° nach links herum drehen und

8a 8b 9

11 10b 10a

12a 12b 13a

99

den linken Fuß in **Neko Ashi Dachi** links (kurze frontale Stellung) setzen: **Soto Uke** links.

14. **Mae Geri** rechts, den rechten Fuß in **Zenkutsu Dachi** rechts aufsetzen: **Jun Zuki** rechts, anschließend **Gyaku Zuki** links.

15. Auf dem linken Fuß um 90° nach rechts drehen und rechten Fuß in **Neko Ashi Dachi** rechts (kurze frontale Stellung) setzen: **Soto Uke** rechts.

16. **Mae Geri** links, den linken Fuß in **Zenkutsu Dachi** links absetzen: **Jun Zuki** links, anschließend **Gyaku Zuki** rechts.

17. Auf dem rechten Fuß um 45° nach links drehen und linken Fuß in **Neko Ashi Dachi** links setzen: **Soto Uke** links (rechter Unterarm waagerecht vor dem Bauch).

18. Den rechten Fuß einen Schritt vorwärts in **Neko Ashi Dachi** rechts setzen: **Soto Uke** rechts (linker Unterarm waagerecht vor dem Bauch).

18   17   16

15a   15b   16a   16b

14c   14b   14a   13b

19. Den linken Fuß einen Schritt vorwärts in **Neko Ashi Dachi** links setzen: **Soto Uke** links (rechter Unterarm waagerecht vor dem Bauch).
20. Auf der Stelle **Soto Uke** rechts mit Hüftdrehung ausführen (linker Arm bleibt unverändert).
21. Hände geöffnet in Kopfhöhe vorstrecken, anschließend **Hiza Geri** rechts mit **Kiai** und dabei die Hände wie bei **Gedan Barai** nach unten reißen.
22. Den rechten Fuß vor dem linken Absetzen, auf dem rechten Fuß um 225° nach links drehen und den linken Fuß in **Neko Ashi Dachi** links setzen: **Shuto Uke** links, aber Daumen abgespreizt und Handfläche nach außen gedreht, gleichzeitig **Shotei Uke** rechts. Rechte Handwurzel (Finger zeigen nach oben) vor dem Körper als Abwehr bis in die Waagerechte abwärts führen.
23. Den linken Fuß belasten, den rechten um 90° nach rechts auf der Ferse aufsetzen, dann den Fuß bis zum Ballen abrollen und den linken in **Neko Ashi Dachi** rechts etwas nachziehen: **Shuto Uke** rechts (aber Daumen abgespreizt, Handfläche zeigt nach außen), gleichzeitig **Shotei Uke** links.
24. Den linken Fuß etwas zurücksetzen, den rechten in Ausgangsposition **Hachiji Dachi** zurückziehen.
25. **Musubi Dachi**.

21   20   19

22a   22b   23a

24   23c   23b

103

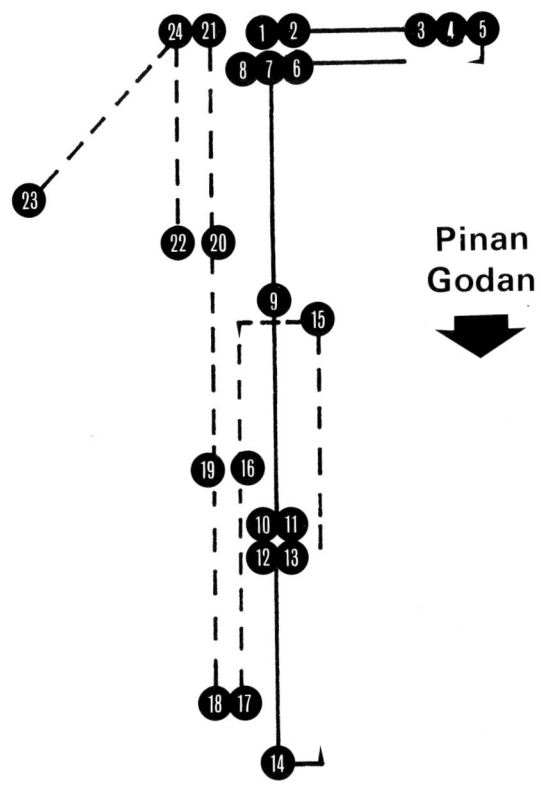

**Pinan
Godan**

Pinan Godan

1. **Musubi Dachi.**
2. **Hachiji Dachi.**
3. Den linken Fuß um 90° nach links in **Neko Ashi Dachi** links (kurze frontale Stellung) setzen: **Soto Uke** links.
4. Stellung unverändert: **Gyaku Zuki** rechts.
5. Auf dem linken Bein um 90° nach rechts drehen (Kopf 180°) und den rechten Fuß in **Musubi Dachi** setzen, dabei die rechte Faust an die Rippen ziehen und den linken Unterarm waagerecht (mit Abstand) vor die Brust halten.
6. Den rechten Fuß nach rechts in **Neko Ashi Dachi** rechts (kurze frontale Stellung) setzen: **Soto Uke** rechts.
7. Stellung unverändert: **Gyaku Zuki** links.
8. Auf dem rechten Bein um 90° nach links drehen und linken Fuß in **Musubi Dachi** setzen, dabei die linke Faust an die Rippen ziehen und den rechten Unterarm waagerecht (mit Abstand) vor die Brust halten.
9. Den rechten Fuß einen Schritt vorwärts in **Neko Ashi Dachi** rechts setzen: **Soto Uke** rechts (linker Unterarm vor dem Bauch).
10. Den linken Fuß einen Schritt vorwärts in **Zenkutsu Dachi** links setzen: **Gedan Juji Uke.**
11. Stellung unverändert: **Jodan Juji Uke** (mit beiden Armen zugleich **Jodan Uke,** aber Hände geöffnet).
12. Stellung unverändert: **Haishu Uke** rechts (Abwehr mit dem rechten Handrücken abwärts bis in die Waagerechte), dabei den linken Arm über Kreuz über den rechten legen, Handrücken zeigt nach oben.

107

13. Stellung unverändert: **Chudan Zuki** links.
14. Den rechten Fuß einen Schritt vorwärts in **Zenkutsu Dachi** rechts setzen: **Jun Zuki** rechts mit **Kiai**.
15. Den rechten Unterarm über die rechte Schulter klappen, dann auf dem linken Fuß um 180° nach links drehen und den rechten Fuß **in Shiko Dachi** rechts aufsetzen: **Gedan Barai** rechts.
16. Den linken Fuß in **Shizentai** setzen, um 180° nach links: **Tettsui Chudan** links.
17. Den rechten Fuß einen Schritt vorwärts in **Zenkutsu Dachi** rechts setzen: **Empi Uchi** rechts (linke Handfläche klappt auf den rechten Ellenbogen).
18. Das linke Knie an das rechte ziehen und den linken Fuß auf dem Ballen aufsetzen (rechtes Bein belastet), dabei **Soto Uke** rechts, ausführen wobei der linke Unterarm waagerecht vor der Brust bleibt und die linke Hand als Faust den rechten Ellenbogen berührt.
19. Auf dem rechten Fuß um 180° nach links drehen und den linken Fuß in **Kokutsu Dachi** links (wie **Neko Ashi Dachi**, aber linker Fuß steht ganz auf der Sohle) setzen: **Uraken Jodan** rechts in die vorherige Richtung, der linke Unterarm liegt dabei mit dem Handrücken nach oben vor der Brust.
20. Beide Fäuste an die Rippen ziehen, nach vorn hochspringen (Beine angezogen) und um 90° nach links gedreht auf den Fußballen landen, rechtes Bein vorn, linkes hinten, Knie stark gebeugt: **Gedan Juji Uke**.
21. Auf dem linken Bein um 90° nach rechts drehen und den rechten Fuß in **Zenkutsu Dachi** rechts setzen: **Morote Uke** mit **Kiai**.

19   20a   20b   21

18   17   16   15c

13   14   15a   15b

22. Auf dem rechten Bein um 180° nach links drehen und den linken Fuß in **Kokutsu Dachi** links setzen: gleichzeitig **Gedan Barai** links und **Soto Uke** rechts nach hinten.

23. Den linken Fuß an den rechten setzen, dabei den rechten Arm angewinkelt vor die Brust legen, so daß sich die Ellenbogen beider Arme berühren. Anschließend den rechten Fuß 45° nach rechts vorwärts in **Kokutsu Dachi** rechts setzen: gleichzeitig **Gedan Barai** rechts und **Soto Uke** links nach hinten ausführen.

24. Den rechten Fuß in Ausgangsposition **Hachiji Dachi** zurücksetzen.

25. **Musubi Dachi.**

24   23b   23a   22

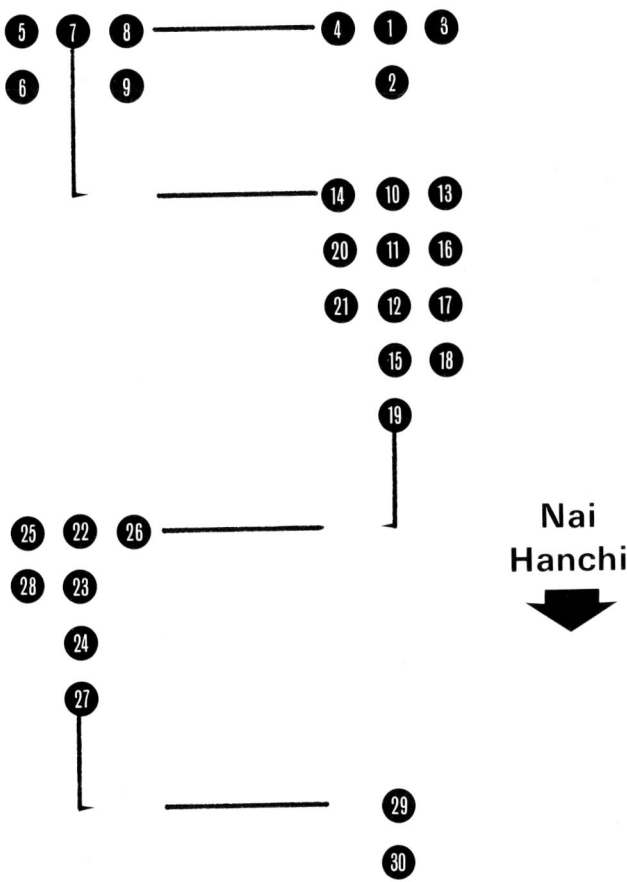

**Nai
Hanchi**

113

Nai Hanchi

1. **Musubi Dachi.**
2. **Heisoku Dachi**: dabei die geöffneten Hände aufeinanderlegen, so daß die linke Handfläche auf dem rechten Handrücken liegt.
3. Arme vor dem Körper über Kopfhöhe hochführen, außen herum im Kreisbogen nach unten führen, bis die rechte Handkante mitten auf der linken Handfläche liegt. Dann Unterarme vor die Brust klappen und Hände nach unten drehen.
4. Kopfdrehung um 90° nach links, dann um 180° nach rechts.
5. Den linken Fuß nach rechts über Kreuz neben den rechten Fuß setzen, dabei die Hände vor die Brust klappen. Jetzt rechten Fuß nach rechts in **Kiba Dachi** rechts setzen: **Shotei Uke** rechts (rechte Handwurzel als Abwehr vorstoßen).
6. Stellung unverändert: **Empi Uchi** links (mit Drehung des Oberkörpers), dabei die rechte Handfläche an den linken Ellenbogen klappen.
7. Kopfdrehung um 180° nach links, dabei die rechte Faust an die Rippen ziehen und den linken Unterarm waagerecht (mit Abstand) vor die Brust halten.
8. **Gedan Barai** links nach links.

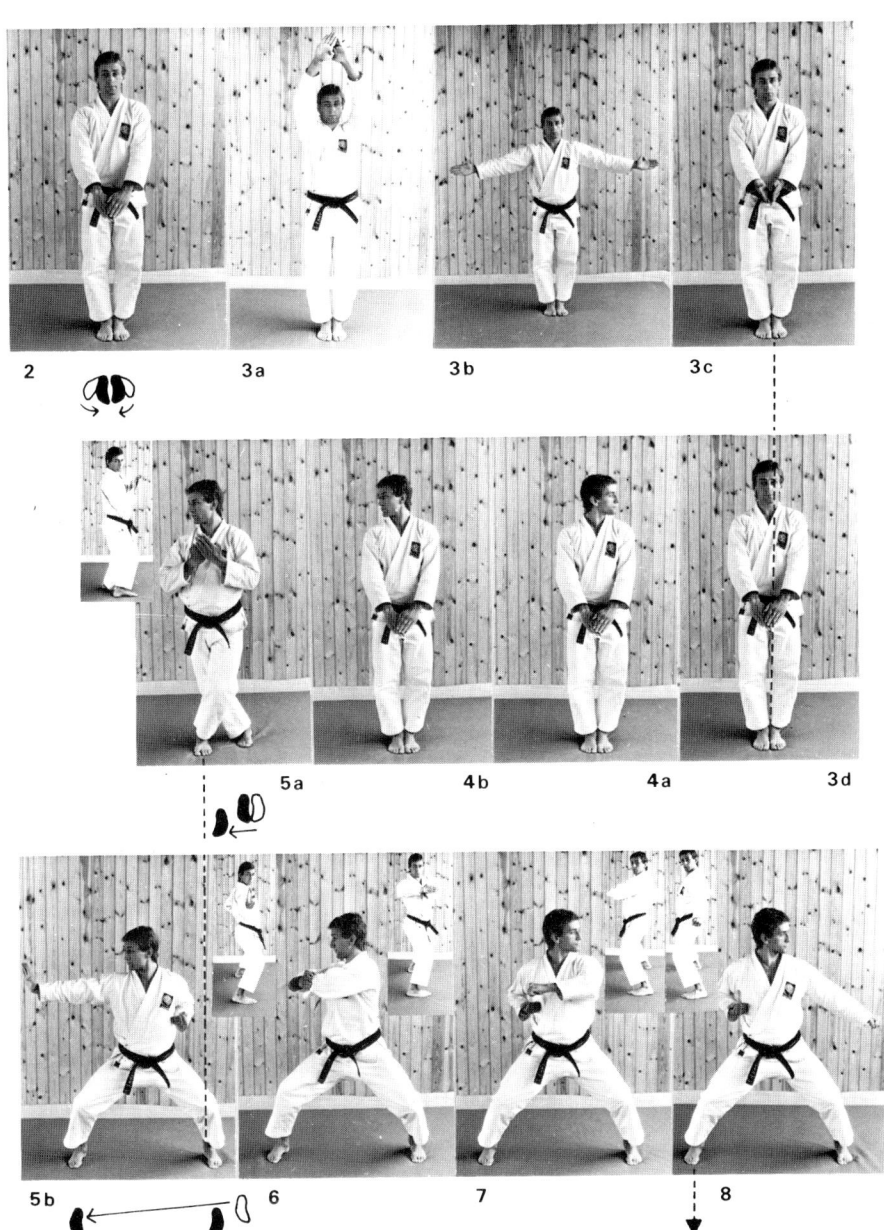

2   3a   3b   3c

5a   4b   4a   3d

5b   6   7   8

115

9. Die linke Faust an die Rippen ziehen und **Chudan Zuki** rechts 45° schräg vorwärts ausführen, anschließend den rechten Unterarm waagerecht (mit Abstand) vor die Brust zurückziehen.
10. Den rechten Fuß über Kreuz nach links und anschließend den linken in **Kiba Dachi** setzen: **Soto Uke** rechts mit Kopfdrehung um 90° nach rechts.
11. Im großen Bogen **Gedan Barai** rechts, dabei linke Faust so zurückziehen, daß sie schräg nach oben zeigt.
12. **Jodan Zuki** links und dann **in Soto Uke** links zurückziehen (dabei wird der rechte Unterarm waagerecht vor die Brust gehalten, so daß die Faust am linken Ellenbogen liegt).
13. Kopfdrehung um 90° nach links, den linken Unterschenkel in die Waagerechte hochklappen (ohne den Körper zu bewegen): **Nami Gaeshi** und linken Fuß in **Kiba Dachi** absetzen, dabei **Soto Uke** links (mit Drehung des Oberkörpers), rechte Faust noch am linken Ellenbogen.
14. Kopfdrehung um 180° nach rechts: **Nami Gaeshi** rechts, dann den rechten Fuß in **Kiba Dachi** absetzen: mit Oberkörperdrehung **Uchi Uke** links (rechte Faust noch am linken Ellenbogen) ausführen.

9a   9b   10a   10b

12b   12a   11b   11a

13a   13b   14a   14b

15. Kopfdrehung um 180° nach links, dabei die rechte Faust an die Rippen ziehen und linken Unterarm waagerecht (mit Abstand) vor die Brust halten.

16. **Chudan Zuki** links nach links und **Kagi Zuki** rechts nach links mit **Kiai** (Arm beim Stoßen angewinkelt lassen).

17. Den linken Arm langsam und kraftvoll in **Uchi Uke** Stellung ziehen, dabei Hand (mit der Handfläche nach oben) öffnen.

18. Mit Oberkörperdrehung **Empi Uchi** rechts nach links, dabei linke Handfläche auf den rechten Ellenbogen klappen.

19. Kopfdrehung um 180° nach rechts, dabei linke Faust an die Rippen ziehen und rechten Unterarm waagerecht (mit Abstand) vor die Brust legen.

20. **Gedan Barai** rechts nach rechts.

21. **Chudan Zuki** links 45° schräg vorwärts und Arm waagerecht angewinkelt (mit Abstand) vor die Brust zurückziehen.

22. Den linken Fuß über Kreuz nach rechts setzen, dann rechten Fuß in **Kiba Dachi** setzen: **Soto Uke** links mit Kopfdrehung um 90° nach links.

23. **Gedan Barai** links im großen Bogen vor dem Körper ausführen, dabei die rechte Faust zurückziehen, so daß sie schräg nach oben zeigt.

15   16   17   18

21b   21a   20   19

23b   23a   22b   22a

24. **Jodan Zuki** rechts, dann Arm in **Soto Uke** rechts zurück-
    ziehen, dabei linken Unterarm waagerecht (mit Abstand)
    vor die Brust halten, so daß die linke Faust am rechten
    Ellenbogen liegt.
25. Kopfdrehung um 90° nach rechts, **Nami Gaeshi** rechts,
    dann Fuß in **Kiba Dachi** aufsetzen: mit Oberkörperdrehung
    Soto Uke rechts nach rechts, linke Faust bleibt am rechten
    Ellenbogen.
26. Kopfdrehung um 180° nach links, **Nami Gaeshi** links und
    Fuß in **Kiba Dachi** absetzen: mit Oberkörperdrehung
    Uchi Uke rechts nach links. Die linke Faust bleibt am
    rechten Ellenbogen.
27. Kopfdrehung um 180° nach rechts, dabei die linke Faust an
    die Rippen legen, den rechten Unterarm waagerecht (mit
    Abstand) vor die Brust halten.
28. **Chudan Zuki** rechts und **Kagi Zuki** links nach rechts mit
    Kiai ausführen.
29. Den rechten Fuß in Ausgangsposition **Heisoku Dachi** zu-
    rücksetzen, die linke Handfläche auf den rechten Hand-
    rücken legen.
30. **Musubi Dachi.**

24 a   24 b   25 a   25 b

28   27   26 b   26 a

29